U0651589

高校辅导员与学生的关系研究

夏旭彦 著

中国农业出版社

北　京

图书在版编目（CIP）数据

高校辅导员与学生的关系研究 / 夏旭彦著 . —北京：
中国农业出版社，2024.3
ISBN 978 - 7 - 109 - 31662 - 1

Ⅰ.①高…　Ⅱ.①夏…　Ⅲ.①高等学校—辅导员—工
作—研究　Ⅳ.①G645.1

中国国家版本馆 CIP 数据核字（2024）第 022176 号

中国农业出版社出版

地址：北京市朝阳区麦子店街 18 号楼
邮编：100125
责任编辑：胡烨芳
责任校对：吴丽婷
印刷：北京中兴印刷有限公司
版次：2024 年 3 月第 1 版
印次：2024 年 3 月北京第 1 次印刷
发行：新华书店北京发行所
开本：700mm×1000mm　1/16
印张：8
字数：152 千字
定价：59.00 元

目 录 /////////////
CONTENTS

第一章

亦师亦友的高校辅导员

《普通高等学校辅导员队伍建设规定》中指出："辅导员是开展大学生思想政治教育的骨干力量，是高等学校学生日常思想政治教育和管理工作的组织者、实施者、指导者。辅导员应当努力成为学生成长成才的人生导师和健康生活的知心朋友。"高校辅导员作为高校学生思想政治教育工作的重要实施者，可以直接对大学生开展思想政治教育活动，并对其产生一系列影响。这些活动需要辅导员与学生在一定的师生关系下共同参与。因此，辅导员与学生间构建并保持良好的关系是思想政治教育实践顺利推进并取得成效的重要前提。

第一节　我国高校辅导员制度的历史考察与当代发展

高校辅导员，亦可称为政治辅导员，或简称为辅导员。在我国的起源可追溯至新中国成立之前，在军事院校中全面负责学员日常思想、学习、生活等工作的政治指导员，这为之后高校政治辅导员的设立提供了借鉴；而作为高校中一种独立的职业，则始于中华人民共和国成立之后。我国高校辅导员主要服务于社会主义建设和优秀人才的培养，是大学生思想政治教育队伍中的骨干力量。发展至今，辅导员所扮演的角色已从严厉的管理者、严格的教育者逐渐过渡为和蔼可亲的师长、深情厚谊的挚友。

一、制度缘起：政治指导员制度

1933 年，中国共产党在江西瑞金创办了中国工农红军大学。1935 年，中央红军干部团与陕甘宁红军军政学校在陕北瓦窑堡合并，组成中国工农红军学校；1936 年，扩建为西北抗日红军大学，下辖两校。历经变迁，其第 1 校又于 1937 年迁至延安，更名为中国人民抗日军事政治大学，简称抗大。抗大延续了以往军事化管理的传统，其学员多为部队中的红军干部；学校坚持"团结、紧张、严肃、活泼"的校风，强调理论联系实际，在教育内容上十分注重思想政治教育，致力于培养抗日干部。

在组织结构方面，考虑到抗日战争的需要，抗大参照了部队的组成编制，设有政治部、训练部、校务部；其中，政治部下设组织、宣传、训育、秘书4科，主要负责党的思想政治工作。学员编成若干大队，大队下设若干支队，支队下设若干中队。为了更深入地开展思想政治工作，政治部给大队配备了政治委员，给支队配备了政治协理员，给中队配备了政治指导员。在学员管理方面，实行基层学员队（中队）的"政治指导员"制度，基层中队学员的思想、学习、生活等工作都由政治指导员负责。此后，不论是军事院校重新整编形成的地方院校还是普通院校，都延续了这种制度。

这种政治指导员制度在后续借鉴了苏联的经验，逐渐发展形成了我国的政治辅导员制度。

二、制度萌芽：新中国成立至 1960 年

新中国成立之后，中国共产党领导全国各族人民开始了国家建设的新阶段，各项工作步入了正轨，高等教育事业发展获得了相对稳定的环境。1949 年 12 月，第一次全国教育工作会议在北京召开。会上，时任中央教育部部长马叙伦阐述了新民主主义教育总方针。方针指出"新中国的教育，应该反映新中国的政治经济，作为巩固与发展人民民主专政的一种斗争工具的新教育"。让教育为政治服务是当时的追求，也是结合当时的国际国内形势所做出的正确选择。

1952 年，国家提出要在高校设立政治辅导员。当年，教育部发布了《关于在高等学校有重点的试行政治工作制度的指示》，明确要求要在高等学校重点试行政治工作制度，在有条件的学校设立政治辅导处并配备政治辅导员。1953 年，清华大学等学校向教育部发出申请，请求成为试点学校；时任清华大学校长的蒋南翔先生率先在清华大学建立了政治辅导员制度。这期间，清华大学还向教育部、人事部请示选拔学习成绩优良、觉悟较高的党（团）员担任政治辅导员，以便于开展后期的工作。此外，清华大学还创立了"双肩挑模式"的政治辅导员制度，政治辅导员要同时承担思想政治工作与业务工作。

这一时期的政治辅导员制度仍旧处于探索阶段，具体的工作要求、工作内容还在初创阶段。各高校政治辅导员配备情况差异大，大多结合自身办学实际对政治辅导员做出要求。这一时期的政治辅导员与当代辅导员的工作内容略有不同，需要指导教职工的政治理论学习，及时掌握好教职工和学校的思想政治状况。

三、制度兴废：1961 年至 1976 年

随着我国高等教育进一步发展、高等教育办学规模扩大，对学生的教育管理工作也进一步明确化、规范化。在前期办学经验总结的基础上，中共中央制

定了《教育部直属高等学校暂行工作条例（草案）》（一些文献中将其简称为"高校60条"），于1961年9月批准试行，"思想政治工作"作为章节之一位列其中。在"思想政治工作"这一章节中，政治辅导员的相关内容被明确规定："为了加强思想政治工作，在一年级、二年级设政治辅导员或者班主任，从专职的党政干部、政治理论课教师和其他青年教师中挑选有一定政治工作经验的人担任。同时，要逐步培养和配备一批专职的政治辅导员。"这是中共中央第一次在有关文件中正式提出要在高等学校设置专职政治辅导员。

在这一条例的指导下，各高校都对思想政治教育工作紧抓不放。1964年，教育部党组的《关于加强高等学校政治工作和建设政治工作机构试点问题的报告》获中共中央批准。文件中指出，要在高等教育部和直属高等学校设立政治部，其中高等学校的政治部是学校党委的工作机构。同时，报告中还指出，"在二、三年内配齐班级的专职政治工作干部，其编制平均每一百名学生至少配备一人"，关于专职政治工作干部的来源"主要是从高等学校毕业生中间选留解决"。与以往的文件相比，这一报告对政治工作干部进一步做出了要求，也对高校政治工作做出了指导，充分说明了当时设立政治工作干部的必要性和紧迫性。

1965年3月，高等教育部政治部要求各直属高等学校迅速建立政治部，同时重申要配备专职政治工作干部，大力充实政治工作干部队伍。同年，《中华人民共和国高等教育政治工作条例（草案）》颁布，对在高等教育机构设立政治机关进一步做出了要求；即要在高等教育部和各高校设政治部，各系、处设政治处或配备专职的政治协理员，各教研室配备专职或兼职的政治指导员，学生班级配备政治辅导员。同时，颁布的还有《高等学校学生班级政治辅导员工作条例》，有关政治辅导员工作的性质、任务、要求和工作方法都在这一条例中做出了规定，政治辅导员的身份进一步得到明确。这标志着我国高校政治辅导员制度的基本形成，全国各高校普遍建立了政治辅导员制度。

然而，在随后的"文化大革命"中，不少自新中国成立以来取得的教育成果被否定，许多制度、方针被撤销，原本初步形成的政治辅导员制度无法在这一背景下得以发展。

四、制度恢复：1977年至1981年

1977年，我国恢复了高考制度，高等教育的发展逐渐回到正轨，高校政治辅导员制度也得以逐步恢复。1978年春季，全国教育工作会议在北京召开，邓小平在会上对新阶段的教育工作提出了新的要求、指明了新的方向。随后，教育部起草修订了《全国普通高等学校暂行工作条例（征求意见稿）》，其中明确规定"为了加强对学生的政治思想工作，必须建立一支学生政治思想工作队伍，在一年级、二年级设立政治辅导员"。对于政治辅导员的选拔，此条例中

的要求是"挑选政治觉悟高，作风正派，联系群众，有一定政治工作经验的人担任，定期轮换。政治辅导员一般半脱产，既做思想政治工作，又担任业务工作"。这种半脱产的方式导致一部分政治辅导员只侧重自身业务工作，对思想政治工作的重视程度不足，但不能否定该条例对高校政治辅导员制度恢复所起到的作用。

1980年，教育部、团中央联合下发《关于加强高等学校学生思想政治工作的意见》，其中指出："各校要根据具体情况建立政治辅导员制度或班主任制度。政治辅导员和班主任应从政治、业务都好的毕业生中选留或从教师中选任。他们要既做学生思想政治工作，又要坚持业务学习，有的还要担负一部分教学任务。"这表明当时的政治辅导员仍有很多为兼职性质，工作上需要"双肩挑"。

1981年，教育部颁布了《高等学校学生思想政治工作暂行规定（征求意见稿）》，进一步指出："做好学生思想政治工作，需要有一支又红又专、专职与兼职相结合的队伍。要选拔政治觉悟高、作风好，具有一定思想理论水平、政治工作能力的具有大学文化程度的干部、教师和高年级学生从事学生思想政治工作。"同时指出："中青年教师要积极并努力做好班主任或兼职政治辅导员工作。要把对学生进行思想政治教育的成绩，列为教师考核、晋级的一项重要内容。"这在一定程度上对中青年教师从事思想政治教育工作进行了引导，同时对工作的考核、要求等都做出了具体规定，对关于高年级学生、研究生从事学生思想政治工作的问题也做了具体要求。值得注意的是，当前仍有很多高校沿用了中青年教师担任班主任或兼职辅导员，以及优秀的高年级学生及研究生担任兼职辅导员等做法。

短暂的停滞后，高校政治辅导员制度又得以逐渐恢复。伴随着国家对高校思想政治工作的重视加深，有关高校政治辅导员的各项制度也逐步建立。总体上，这一时期的制度更加具体化、规范化，一些政策对当今的高校辅导员制度产生了重要影响，甚至沿用至今。

五、制度完善：1982年至1989年

1982年，各高校从应届毕业生中选留了一定数量的学生，从事专职政治辅导员工作，政治辅导员制度在高校中进一步完善。1983年，考虑到当时政治辅导员队伍中存在的数量不足、思想不稳、后继乏人等问题，加之队伍整体的思想水平和业务水平也不能适应形势发展的需要，教育部决定在高等学校设置思想政治教育专业，通过正规化的方法培养各种层次的思想政治工作专门人才，从而加强思想政治工作队伍建设。1984年，南开大学等12所高校开始招收思想政治教育专业的本科生；这为辅导员队伍专业化打下了基础，也对已入职辅导员的业务培训有着重要的意义。

1984 年，中宣部、教育部联合颁布《关于加强高等学校思想政治工作队伍建设的意见》，强调了在队伍建设上要实行专职与兼职相结合、加强思想政治工作者培训等内容，辅导员队伍专业化的思想初步显现。1986 年，国家教委下发《关于选配品学兼优的应届毕业生充实高等学校思想政治教育工作队伍的通知》，随后颁布《关于加强高等学校思想政治工作的决定》，指出"一定要舍得将一些优秀教师、品学兼优的大学生和研究生选拔到思想政治工作队伍中来"；这为思想政治教育工作队伍留住了一批优秀人才，在充实队伍的同时也拓宽了队伍人员的来源渠道。目前，很多高校仍在采用这种形式，不断充实着辅导员队伍。

1987 年，中共中央发布《关于改进和加强高等学校思想政治工作的决定》，不仅强调"在新形势下，高等学校必须把改进和加强思想政治工作作为自己的重要任务"；同时还指出"高等学校的思想政治工作队伍应由精干的专职人员与较多的兼职人员组成"，高等学校的"每个班级均应配备兼职的班主任、导师或辅导员"。一方面，表明了当时思想政治工作的重要性和思想政治工作队伍仍以兼职为主的情况；另一方面，也反映出当时队伍人员缺乏、不断流失的问题。同年，国家教委还发布了《关于在高等学校学生思想政治工作专职人员中聘任教师职务的实施意见》，明确了"学生思想政治工作是学校教育的重要组成部分"，规定"聘任相应教师职务的学生思想政治教育专职人员列入教师编制"。至此，政治辅导员第一次被正式认同为高校教师队伍中的一部分，在一定程度上提高了政治辅导员的社会地位，也吸引了一批人才投入这一职业。

在前期发展的基础上，高校辅导员制度在这一阶段得以基本完善。可惜好景不长，到了 20 世纪 80 年代末期，在"国际的大气候和中国自己的小气候"的影响下，中国高校的局势随着国际国内政治形势的急剧变化而发生动荡，高校思想政治工作队伍随之面临人员流失的创伤，不得不总结教训，继续摸索前行。

六、制度充实：1990 年至 1999 年

进入 20 世纪 90 年代，我国社会主义事业的发展面临空前巨大的困难和压力。在这一形势下，我国"坚持用马克思列宁主义、毛泽东思想和邓小平理论武装全党、教育人民"，经受住了国内外政治风波、经济风险等严峻考验，依靠党和人民捍卫了中国特色社会主义。具体到高校中，就是加强了高校中党的建设和思想政治工作，建设了高素质的政治辅导员队伍。

为了更好地推进思想政治工作，提高高校对这一工作的认识，1993 年，中共中央、国务院发布了《中国教育改革和发展纲要》，强调"高等学校要建

设好一支以精干的专职人员为骨干、专兼职结合的思想政治工作队伍""从事思想政治工作的人员要进行培训，不断提高他们的思想政治素质和政策、业务水平，并采取实际措施解决他们的待遇问题"。同年，中组部、中宣部、国家教委联合下发《关于新形势下加强和改进高等学校党的建设和思想政治工作的若干意见》，强调"继续贯彻中央有关文件精神，努力建立一支以精干的专职人员为骨干、专兼职相结合的政工队伍""要从实际出发采取特殊政策，培养一批又红又专的党务和政工干部骨干，保证和促进骨干队伍的巩固和提高"。1994年，中共中央发布《关于进一步加强和改进学校德育工作的若干意见》，成为当时学校开展思想政治工作的依据之一。该《意见》强调要"优化队伍结构，建设一支专兼结合、功能互补、信念坚定、业务精湛的德育队伍"，要开展培训工作，提高队伍素质，建立表彰制度，完善职务、待遇等政策。这些文件均反映出党和国家对高校思想政治工作和思想政治工作队伍建设的空前重视。

1995年，国家教委颁布《中国普通高等学校德育大纲（试行）》，指出"专职政工人员与学生的比例大体掌握在1∶120～150"。这是我国第二次对配备数量提出明确要求，同时也点明了政工干部的"专职"属性；队伍整体向着"专职为主"的方向发展，为当前辅导员队伍的组成模式做出了探索。

1999年，中共中央发布《关于加强和改进思想政治工作的若干意见》，强调要"按照提高素质、优化结构、相对稳定的要求，建设一支政治强、业务精、作风正的思想政治工作队伍。要选拔一批德才兼备的中青年干部，充实到这支队伍中来。对思想政治工作者要注意关心和培养，帮助他们提高思想政治素质和业务能力，对做出突出成绩的要给予表彰和奖励"。这极大地鼓舞了思想政治工作队伍，提升了思想政治工作者的工作热情。

通过这一时期的政策文件可以看出，经历了一系列的考验之后，党和国家对思想政治工作的重视达到了前所未有的高度，也通过政策来吸引、鼓励更多的人才从事思想政治工作，切实关注思想政治工作者的成长和队伍建设，辅导员队伍职业化程度进一步提高。

七、制度巩固：2000 年至 2011 年

步入21世纪后，经济全球化、世界多极化趋势愈发加速；这更加呼吁思想政治工作发挥好"凝神"之效，在变幻莫测的国际政治风云中找准我国自身的定位。面对复杂的意识形态局面，高校的思想政治工作面临严峻形势，辅导员队伍在工作中也面临着诸多挑战。

2000年，教育部颁布《关于进一步加强高等学校学生思想政治工作队伍建设的若干意见》，强调了加强学生思想政治工作队伍建设的重要性和紧迫性，

要求"采取切实可行的措施，努力建设一支具有马克思主义理论素养，政治坚定、专兼结合、结构合理的高素质的队伍"。该文件从人员选拔、管理培养、队伍建设等方面，对高校学生思想政治工作做出了较为翔实的规定。

2004 年，教育部下发了《关于进一步加强和改进大学生思想政治教育的意见》（很多文献中将其简称为"16 号文件"或"16 号文"）；这是国家第一次把加强和改进大学生思想政治教育提到战略高度，并正式把"政治辅导员"改为"辅导员"。该文件成为辅导员发展建设的纲领性文件，是我国辅导员制度发展史上的一个里程碑。文件中指出："辅导员、班主任是大学生思想政治教育的骨干力量，辅导员按照党委的部署有针对性地开展思想政治教育活动，班主任负有在思想、学习和生活等方面指导学生的职责。"但是，在现实的实施中，一些学校并没有严格区分辅导员和班主任的职责；有一些学校不设置班主任，相关工作全部由辅导员承担。次年，教育部出台《关于加强高等学校辅导员班主任队伍建设的意见》，对"16 号文件"的部分内容做了补充，特别强调"专职辅导员总体上按 1∶200 的比例配备，保证每个院（系）的每个年级都有一定数量的专职辅导员"；这是第一次正式对专职辅导员的数量做出了具体要求，夯实了辅导员职业化的基础。2006 年，教育部出台《普通高等学校辅导员队伍建设规定》（又称"24 号令"），点明"辅导员是高等学校教师队伍和管理队伍的重要组成部分，具有教师和干部的双重身份。……辅导员应当努力成为学生的人生导师和健康成长的知心朋友"。此后，"人生导师"和"知心朋友"成为很多高校辅导员的工作目标，大学生视角下的辅导员形象逐渐发生转变。此外，教育部还印发了《2006—2010 年普通高等学校辅导员培训计划》，目标之一是"到 2010 年，完成辅导员的轮训工作，使辅导员队伍整体素质有明显提高，培养和造就 1 000 名在思想政治教育方面有一定国内影响的专家"，我国辅导员队伍专业化的进程更进一步。

回顾这一时期的高校辅导员制度，尽管外在环境波诡云谲，辅导员工作所面临的挑战不断；但是在党和国家的引导和重视下，我国辅导员制度得到了巩固，辅导员队伍愈发专业化、职业化，辅导员身份界定和工作职责进一步明确。

八、制度成熟：2012 年至今

中共十八大报告中指出："要坚持教育优先发展，全面贯彻党的教育方针，坚持教育为社会主义现代化建设服务、为人民服务，把立德树人作为教育的根本任务，培养德智体美全面发展的社会主义建设者和接班人。"至此，中国特色社会主义进入新时代，高校辅导员亦迎来了新的发展阶段。

2013 年，教育部党组印发《普通高等学校辅导员培训规划（2013—2017

年)》对高校辅导员的培训内容、培训任务、保障措施等做了规定。2014 年，教育部印发《高等学校辅导员职业能力标准（暂行）》，围绕辅导员的职业定义、职业能力、能力标准等内容展开了充分的阐述，提升了社会对辅导员这一职业的认知。高校辅导员的专业内涵得以提升，辅导员队伍进一步向专业化迈进。

2016 年 12 月，在全国高校思想政治工作会议上，习近平总书记肯定了高校思想政治工作队伍为我国高等教育事业发展所作出的重要贡献，同时强调："要拓展选拔视野，抓好教育培训，强化实践锻炼，健全激励机制，整体推进高校党政干部和共青团干部、思想政治理论课教师和哲学社会科学课教师、辅导员班主任和心理咨询教师等队伍建设，保证这支队伍后继有人、源源不断。"

2017 年初，中共中央、国务院印发了《关于加强和改进新形势下高校思想政治工作的意见》。《意见》指出："高校思想政治工作队伍和党务工作队伍具有教师和管理人员双重身份，要纳入高校人才队伍建设总体规划，形成一支专职为主、专兼结合、数量充足、素质优良的工作力量。"该《意见》将思想政治工作队伍建设上升至高校人才队伍建设的高度，对"专职为主"的队伍组成要求进行了重申，确保了后续辅导员队伍的专业化。同年，教育部颁布了《普通高等学校辅导员队伍建设规定》（教育部令第 43 号，简称"43 号令"），作为辅导员制度的重要组成部分。"43 号令"强调，要加强高校辅导员队伍专业化职业化建设。"43 号令"结合当前新思想政治教育工作的新境遇，对辅导员的要求与职责、配备与选聘、发展与培训、管理与考核等做出了进一步阐述，但关于辅导员"人生导师"和"知心朋友"的角色定位没有改变。此外，教育部党组还印发了《高校思想政治工作质量提升工程实施纲要》，从课程、科研、实践等方面构建了"十大"育人体系，详尽的方案充分体现了党和国家对高校思想政治工作的重视。

总结这一时期的高校辅导员制度可以发现，进入新时代以来，党和国家对高校思想政治工作的重视达到了前所未有的程度；在以习近平同志为核心的党中央的领导下，高校思想政治工作得到了前所未有的发展；高校辅导员制度日臻成熟，推动着高校辅导员队伍政治素养和职业胜任能力提升。

第二节　我国高校辅导员在学生工作中的角色定位

高校辅导员定位为经过系统的培养与培训、系统掌握了专业知识和专业技能、负责履行高等学校学生工作职责的专业人员，需要参与到大学生日常学习与生活的方方面面。面对不同的学生工作场景，高校辅导员所扮演的角色也需进行相应的调整。在思想政治教育、党团和班级建设、学业指导等情境中，辅导员需要发挥教育引导作用，扮演好师长的角色，为大学生成长指引方向；在学生日常事务咨询、心理健康问题排查与疏导、特殊学生关怀等情境中，辅导员则需化身为能走进学生内心的亲密朋友，深入学生，了解学生，切实解决好学生在思想、心理、生活上遇到的问题。当前，辅导员在我国高校学生工作中的角色定位并不是一成不变的，要结合实际情况进行研判、转变。

一、人生导师

中共二十大报告指出："我们要办好人民满意的教育，全面贯彻党的教育方针，落实立德树人根本任务，培养德智体美劳全面发展的社会主义建设者和接班人，加快建设高质量教育体系，发展素质教育，促进教育公平。"党和国家出台了大量的政策文件促进高等教育发展，推动了一系列有利于高等教育发展的措施在基层高校中落地落实。得益于这些政策，我国建成了世界规模最大的高等教育体系，培育了一大批高素质专门人才。思想政治工作作为一切工作的生命线，在人才培养中具有重要意义；而高校辅导员是高校学生日常思想政治教育和管理工作的组织者、实施者和指导者，在人才培养中能对大学生产生重要影响。因此，高校辅导员往往具有教师和管理人员双重身份。

在高校学生工作中，辅导员必须扮演好教师的角色，及时地为学生指点迷津。当前，我国正处在世界百年未有之大变局和中华民族伟大复兴的历史时期，党和国家高度重视高校学生的教育问题，尤其重视高校学生的思想政治教育问题、着力培养担当民族复兴大任的时代新人已然成为高校的一项重要使命。这对高校辅导员提出了新的要求。在日常思想政治教育和管理工作中，辅导员要立好威、管得住，密切关注学生的思想动态、学业情况、生活状况，及时引导学生，避免其误入歧途。

在意识形态领域，一些西方国家正在加紧对我国进行思想文化渗透。通过学术交流和文化活动向大学生进行文化渗透，是西方国家常用的手段；而大学生涉世未深，往往缺乏分辨能力，加之其更倾向于追求个性化，很容易被一些西方势力蛊惑、利用。尤其是学生干部、优秀学生更容易成为西方思想文化渗透的目标，企图利用其在大学生群体中的号召力来宣传他们的"普世价值"。因此，需要辅导员从日常的思想政治教育工作入手，引导大学生用习近平新时代中国特色社会主义思想武装头脑，坚定理想信念。尤其要注重学生干部、学生党员等模范学生的选拔和培养，通过树立榜样号召更多的学生在日常的学习和实践中树立远大理想并为之奋斗。

学习是大学生的本职任务，然而考试不及格、学业警示、被退学的现象在大多数高校中屡见不鲜，即使在一流名校中也并不罕见。除去课程难度增加的因素之外，一些学生自制力不强，进入大学后不受教师和家长的"管控"，放松了对自己的要求，尤其对学业缺乏重视，加之网络游戏等娱乐活动的诱惑，很容易出现成绩下滑的现象，一些原本成绩很好的学生也会因此变成学业困难生。辅导员虽不是学生的任课教师，但在学生学习习惯养成、学习方式规范、学业问题帮扶等方面应担负起相应职责，及时发现并纠正学生在学业方面存在的问题，从而帮助学生顺利毕业，获得学位。

大学生活丰富多彩，但是也难免会遇到困难与不适，需要辅导员以过来人的角度从中调解、帮助其适应。从高中升入大学，很多学生是第一次离家、第一次经历集体住宿生活，告别了以往"衣来伸手、饭来张口"的生活，一时难以适应也难以迅速养成独立的性格与生活技能。同时，一个宿舍的几个人可能来自天南海北、成长环境各异、脾气性格不同，加之"00后""05后"自我意识强，相处之中时有矛盾。面对这些生活中的问题，辅导员是帮助其适应集体生活的"家长"，是帮助其处理人际关系的"润滑剂"，是学生在遇到生活问题时能够放心寻求帮助的人。

二、知心朋友

辅导员作为教师必然要具备一定的威信，在学生中形成号召力和影响力，能够在思想上引领学生、在学业上指导学生、在生活上帮助学生。同时，辅导员也应该贴近学生、走进学生，了解学生所思所想，成为学生的知心朋友，让学生能够"亲其师，信其道"。辅导员是高校中与学生联系最为紧密的一支教师队伍，其首要职责是立德树人，做好学生的人生导师；但在日常的思想教育工作中还要担当疏导学生情绪、开展心理咨询等育人责任，这就需要辅导员脱离仲裁者、分配者等管理身份，成为学生信任、认同、接纳的朋友。因此，在很多场景中，辅导员要拉近自己与学生的距离，让学生在同自己交流时能说出真心话，与自己相处时能获得信任感。

目前，在校的大学本科生多为"00后"和"90后"。他们当中独生子女居多，呈现出价值追求个性化、学习方式自主化、娱乐生活网络化、处世哲学理性化、人生理想务实化等群体特点，给高校思想政治教育发展带来了新的机遇和挑战；同时，需要辅导员在工作中把握好这些特点，在与学生的相处中探索新的工作模式。

追求个性化无可非议，这是大学生群体主体意识增强的表现；然而，在高校中无法回避集体生活，过度追求个性化反而会格格不入。初入大学，当学生在集体生活中不能像在家那般自由自在时，其内心难免会产生落差感；此时需要辅导员做他们的倾听者，为其排解内心的不快。自主学习的模式固然能在大学的学习中发挥重要作用，但很多课程难度提升、理论性增强，仅依靠自主学习无法奏效。当学习的困境令其焦虑时，需要辅导员化身学长、学姐，分享自己的学习经验，帮其适应大学的学习方式。受互联网迅速发展的影响，当代大学生又被称为"Z世代"青年，他们生于千禧年，网络已成为其娱乐生活中不可或缺的元素；然而，关于网络对大学生的负面影响也无须赘言，大学生深陷网络游戏、网络贷款、信息诈骗等负面新闻时有传出。这就需要辅导员利用好网络这把"双刃剑"，通过"微媒介"等学生喜闻乐见的方式开展网络思政教育，增进与学生之间的沟通，减少因年龄不同、经历不同产生的"代沟"。同时，理性化的处世哲学和务实化的人生理想的益处虽然可圈可点，但是其中也不乏影响学生成长的消极因素，同样需要辅导员设身处地地理解学生的内心世界和行为方式并加以引导。

除此之外，大学生中存在一部分特殊群体，他们或家庭经济困难，或陷入心理问题困境，或因外貌、成绩等因素心生自卑……面对这些学生，辅导员更应该提升自身的亲和力，以朋友的身份亲近学生，用学生能接受的方式开展帮扶工作，陪伴其逐渐走出困境。

第三节 我国高校辅导员的工作职责

按照2014年教育部下发的《高等学校辅导员职业能力标准（暂行）》（教思政〔2014〕2号），高校辅导员分为初级、中级、高级3个级别，要求不同程度地具备思想政治教育、党团和班级建设、学业指导、日常事务管理等职业功能。在"43号令"中，辅导员的主要工作职责为思想理论教育和价值引领、党团和班级建设、学风建设、学生日常事务管理、心理健康教育与咨询工作、网络思想政治教育、校园危机事件应对、职业规划与就业创业指导、理论和实践研究。这些职责与大学生日常的思想行为联系紧密，不仅需要辅导员通过系统的培训掌握有关理论知识和实践技能，还需要其在日常的实践中积累工作经验。辅导员工作千头万绪，既涵盖了学生校园生活的方方面面，又要延伸到校外的许多场景之中；这对辅导员的职业能力提出了较高的要求，需要辅导员具备强烈的事业心和责任感，认真履行工作职责，牢记落实立德树人这一根本任务，关注大学生的发展，引领大学生的成长。

一、思想教育和价值引领

辅导员是开展大学生思想政治教育的骨干力量，思想政治教育在各项工作职责中居于首位，取得思想政治教育的最大效果是辅导员工作的出发点、落脚点。在当前就是要坚定理想信念，不断坚定"四个自信"，牢固树立正确的世界观、人生观、价值观，把矢志不渝听党话、跟党走作为根本追求，将对学生进行价值引领放在首位，用党的科学理论武装学生头脑。为此，高校辅导员自身应提升思想理论水平，深入学习习近平总书记系列重要讲话精神和治国理政新理念新思想新战略，以便在学生群体中开展好宣传教育活动。对于学生群体的思想动态，辅导员要及时掌握；尤其是在信息时代，更应该引导学生辨别是非，确立正确的价值取向。在与学生日常的相处之中，辅导员可以融入思想政治教育；与学生构建平等往来、彼此理解的关系，以更好地实现思想理论教育和价值引领目的。

二、党团和班级建设

在"16 号文件"等与辅导员相关的政策、标准、意见中，虽然班主任和辅导员并没有被混为一谈，但是具体执行时，很多高校并没有设立班主任，具体的班级建设管理工作仍旧由辅导员负责。有一些高校虽然设立了班导师、班主任制度，但是其主要工作为指导学生的学习、科研等，党团和班级建设的相关工作接触得较少，仍旧由辅导员和学生骨干对接。

通过遴选、培养、激励学生骨干，辅导员可以建起与学生沟通的桥梁，为学生工作开展寻得好帮手，提升学生骨干的综合素质。培养入党积极分子、发展学生党员，能够在学生中树立起一批优秀典型，可以通过榜样来传递正确的世界观、人生观、价值观，在学生群体中产生良好的效应。指导学生建设好党支部和班团组织能够在个性迥异的学生当中形成凝聚力，帮助学生更好地适应、融入集体生活，养成合作意识。从这一层面来说，辅导员在党团和班级建设工作中能更好地进行指导，开展相关工作也是辅导员履行工作职责的体现。

三、学风建设

进入高等教育阶段，学业仍旧是学生的重要任务；但是一些学生在入学之后便放松了对自身的要求，甚至一些家长也不再重视大学生的学业问题。因学业困难引发心理问题的例子更是层见叠出，因此学风建设便成了辅导员的一项工作职责。由于专业背景、知识结构差异，很多辅导员并不能直接辅导学生的学业问题；且辅导员有独立的工作任务，很难在工作之余花费时间和精力给学生答疑解惑。因此，学风建设并不是给学生直接解决课业难题，更多的是辅导员在掌握了学生学业的基本情况之后，借助任课教师、成绩优异学生等他人力量，帮助学生掌握正确的学习方法、养成良好的学习习惯。在课程学习之外，越来越多的大学生投身到"挑战杯"大学生课外学术科技作品竞赛、"互联网＋"大学生创新创业大赛、大学生暑期"三下乡"活动等之中，辅导员可以引导学生将所学知识转化为竞赛作品和实践项目，为学生营造出博学、善思、笃行的良好氛围，鼓励更多学生把论文写在祖国大地上。

四、学生日常事务管理

从横向看，学生日常事务管理囊括了学生在校学习与生活的方方面面；从纵向看，学生日常事务管理贯穿了学生入学毕业整个过程。在学生入学之际，开展好入学教育能让学生了解学校发展历程和现状，熟悉校园环境，尽快适应大学生活。军事训练是学生在校的必修课，辅导员要组织开展好军事训练，使学生在各项训练中强健体魄、磨炼意志，并以此为契机加强对学生的国防教育。尽管我国已经全面脱贫，乡村振兴正在有序推进，学生入学后辅导员仍需组织开展勤工俭学活动、评选各类助学金、指导学生办理助学贷款、做好学生困难帮扶；这在一段时间内依旧会是辅导员的职责之一，也是后扶贫时代巩固脱贫成果的要求。组织好各类奖学金的评选既要保证过程和结果的公平性，又要利用好评选活动积极宣传优秀学生的事迹，对于落选的学生也要及时予以安慰、鼓励。此外，日常事务管理和服务还包含学习与生活常见问题解答、谈心谈话、指导人际关系处理等内容，可谓包罗万象。在学生毕业之际，对其开展毕业教育活动，也属于日常事务管理的重要一环；辅导员应引导学生热爱母校、感恩师长、理性择业、文明离校，鼓励其投身一线、基层的工作岗位，肩负起当代青年应有的责任。

五、心理健康教育与咨询

心理健康教育与咨询是思想政治工作的重要组成部分，在解决大学生心理困境的客观需求下，辅导员必须掌握有关技能，做好学生的倾听者、知心人。青年群体中"内卷化"现象日趋加重，在校大学生面临着学业、就业、社交等诸多方面的压力；加之网络时代信息迅速传播，各种焦虑、抑郁等负面情绪很容易被传播、发酵，进而波及大学生群体；若不能及时排解，很容易引发心理问题。尽管目前"00后"大学生心理健康水平总体向好，但也有近半数的学生存在不同程度的心理问题，集中体现在抑郁、焦虑等方面。故此，辅导员要配合心理健康教育部门开展好学生心理健康普查、教育、咨询等活动，了解学生的心理健康情况，有针对性地开展教育与心理疏导。在日常的心理健康教育活动中，辅导员要注重学生健康心态的培养，引导学生正确认识心理问题，鼓励学生在面对心理问题时主动寻求专业的心理帮助。

六、网络思想政治教育

习近平总书记在全国高校思想政治工作会议上指出："要运用新媒体、新技术使工作活起来，推动思想政治工作传统优势同信息技术高度融合，增强时代感和吸引力。"考虑到新时代背景下新技术的发展特质，围绕学生的真实需求，如何结合学生兴趣和社会热点开展网络思政工作已经成为辅导员积极探索的问题。互联网丰富了信息传播的方式，通过网络获取所需信息已经成为大学生的常态。新媒体、自媒体在数字技术的加持下也被赋予了新的力量，人手一支"麦克风"。网络成了各种信息的散播地，很难保证不对学生造成不利影响。因此，需要把握好网络思政阵地，发挥其在舆论导向方面的积极作用。同时，利用 QQ、微信等社交软件与学生保持联系，平时难以面对面沟通的话题，可以借助网络平台，在一个相对轻松的氛围中表达出来，使学生在倾诉问题的同时便能得到帮助。此外，表白墙、树洞等通过在网上匿名留言抒发内心想法的方式，也在学生中广为流行；可通过留言内容及时发现学生存在的问题，进而有针对性地进行开导。

七、校园危机事件应对

学生的在校安全关系到千家万户的幸福。做好校园危机事件应对，需要在日常工作中居安思危；需要在危机发生时谨慎处置，维持好学生秩序；需要在事件处理完成后分析总结。校园中的突发性事件不同于一般的危机，要发挥好思想政治教育在学校危机应对中的预警、引导、激励作用，保障学生的身心健康，维持和谐稳定的校园秩序，避免危机事件影响学校声誉。辅导员应对学生开展安全教育活动，通过讲解纪律规定、分析典型案例等方式提高学生对安全问题的重视程度，建立并完善预警机制，引导学生辨别是非，当学生之间存在矛盾时要及时化解。当危机事件发生时，辅导员要迅速响应，关注学生的安全情况和身心健康，掌握准确的事件信息，做好与学生的沟通，并及时向上级汇报。在危机事件得到初步的处理后，辅导员要注意稳定好学生的情绪，做好对涉事学生的慰问，总结经验教训，避免类似事件再次发生。

八、职业规划与就业创业指导

我国的生涯规划教育集中在高等教育阶段，一般作为学生毕业前的必修课来开展。仅有一小部分学校在基础教育阶段尝试开展了相关教育，如高中用以指导学生挑选报考学校与专业。在这种环境下，很多学生在大四之前并没有对自己整个职业生涯进行规划的意识，直到要对毕业后的方向进行选择时才开始考虑这方面的问题。马克思在《青年在选择职业时的考虑》一文中写到："如果我们经过冷静的考察，认清了所选择的职业的全部分量，了解它的困难以后，仍然对它充满热情，仍然爱它，觉得自己适合于它，那时我们就可以选择它，那时我们既不会受热情的欺骗，也不会仓促从事。"可见，在学生选择职业时加以指导，让学生在仔细思考后再做决定是必要之举。目前，高校开设了职业生涯规划与就业指导相关课程，在一定程度上为学生提供了生涯规划和就业指导服务。辅导员应在此基础上引导学生树立正确的就业观，鼓励学生勇于担负时代使命，到基层、到西部、到祖国最需要的地方建功立业。当创业热潮在校园兴起，辅导员也应指导有意向的学生创业，为其提供创业政策咨询、校友资源对接等服务。

九、理论和实践研究

尽管我国辅导员队伍不断走向专业化，思想政治教育专业的开设也为我国培养了一批专业的辅导员人才；但是，不断扩大的高校学生群体仍需要更多的辅导员来开展思想政治工作，许多高校无法按照1：200的比例配齐专职辅导员队伍。另外，由于思想政治教育专业毕业生数量与辅导员岗位需求数量不匹配，以及毕业生个体素质差异、个人规划选择不同等因素，很多高校在聘用辅导员时没有限定专业；这就意味着一些辅导员的理论知识和实践经验不足，需要在入职后及时学习补充。随着国家各项政策的出台，各地区、各高校对辅导员培训工作十分重视，许多高校都实施了轮训制度，保证每个辅导员都能接受培训。辅导员自身也应该加强对思想政治教育的基本理论和知识的学习，对辅导员工作形成系统、科学的认识，在实际工作中多积累经验，多向辅导员前辈学习；还可以通过积极参加相关学科领域的学术报告、讲座、会议等学术交流活动，参与思想政治教育课题或项目研究等理论和实践研究，不断突破专业背景差异大、实践经验缺乏等因素的限制。

第四节　高校辅导员与学生关系研究的必要性

新时代带来新发展，新发展引领新趋势，新趋势呼唤新关系。开展高校辅导员与学生的关系研究是新时代落实立德树人根本任务的内在要求，探索构建新型辅导员与学生关系是顺应当代大学生思想状况、改进思想政治教育工作的必要举措。做好这一关系研究能够为辅导员处理好与学生的关系、开展思想政治教育工作提供参考，有助于提高思想政治教育的针对性和实效性，丰富师生关系研究的成果，为构建良好的辅导员与学生关系提供新思路。

一、落实立德树人根本任务的内在要求

师生关系是人与人的关系在教育领域的体现。在教育教学过程中，师生关系是最核心的人际关系。习近平总书记在全国教育大会上强调："要深化教育体制改革，健全立德树人落实机制，扭转不科学的教育评价导向，坚决克服唯分数、唯升学、唯文凭、唯论文、唯帽子的顽瘴痼疾，从根本上解决教育评价

指挥棒问题。"以此为导向，在立德树人根本任务的要求下，高校正顺势在育人方式、办学理念、管理体制等方面进行改革，构建新型的辅导员与学生关系已成为应有之举。

以往的辅导员与学生多是管理与被管理、教育与被教育的关系，往往是辅导员要求学生听、命令学生做，对学生的评价标准单一，多以成绩来衡量学生的水平和素养，忽视了学生的感受和需求，缺乏对"人"的关怀，这显然与"办好人民满意的教育"相悖。因此，要开展高校辅导员与学生关系研究，探索建构良性的高校辅导员与学生关系，推动立德树人根本任务的落实。通过研究高校辅导员与学生关系的特点、类型等内容，探索建构良好的辅导员与学生关系，以便在健康、平等、和谐的关系下开展思想政治教育活动；提高学生的自主性，让学生从思想上、心理上接受思想政治教育的内容，改变以往被迫接受的状态，实现思想政治教育的目的，帮助学生养成健全的人格、积极的心态。

二、改进思想政治教育工作的必要之举

《关于新时代加强和改进思想政治工作的意见》指出，新时代加强和改进思想政治工作要"坚持遵循思想政治工作规律，把显性教育与隐性教育、解决思想问题与解决实际问题、广泛覆盖与分类指导结合起来，因地、因人、因事、因时制宜开展工作"。具体到高校思想政治工作中，对学生实施思想政治教育同样需要遵循思想政治教育规律、学生成长发展规律，通过多样化的方式教育引导学生，帮助其解决思想上、学习上、生活上的问题。既关注群体的思想动态，又不忽视个体的实际需求。根据当下大学生思想行为特点，及时调整思想政治教育工作的方式方法；结合科学技术条件，创新思想政治教育工作的载体思路。在建构辅导员与学生的关系时亦是如此，既要遵循师生相处规律，又要因人而异、不断调整，以解决好学生的问题。

通过研究辅导员与学生的关系可以总结出双方相处的现状、存在的问题，再结合教育学、心理学、管理学、政治学等相关学科的知识，使辅导员更加科学地改进工作方法，让双方能够平等、和睦相处，减少思想政治教育过程中的阻力。要因地、因人、因事、因势、因时制宜地开展思想政治工作，也意味着辅导员与学生的关系并不是一成不变的；因此，要充分研究辅导员与学生的关系，辅导员才能根据所处的情景、面向的对象等的不同而及时调整自己与学生的关系，因材施教，最终发挥思想政治教育的作用。

三、建构辅导员与学生和谐关系的现实需要

在传统的教育过程中，教师往往担当了主角；学生在教师主导下被动接受

知识，多倾向于顺从和依附教师，缺乏问题意识、独立思考能力、批判思维和挑战教师权威的勇气。在信息时代，人们可以通过多种途径获取知识、解决问题，学校教育不再是唯一的学习途径；在教育过程中，学生正逐渐成为主角，学生更加自主地学习、思考。高校在这种形势下需要根据新的教育理念、模式和人才培养需求，探索构建和谐、高效、积极的新型师生关系。具有教师身份的辅导员在开展工作时也要迎合时代特点，关注学生群体特征的变化，以学生为中心对其进行思想政治教育，探索出一种平等、互信、良性的新型关系。

深入了解辅导员与学生的关系问题，才能建构辅导员与学生的和谐关系，这是新时代发展趋势下的现实要求。在信息时代建构这种关系，需要考虑到学生的自主性、学生获取知识的便捷性和可获得信息的复杂性，这是无法回避的时代趋势。为此，辅导员要不断丰富自己的信息，避免出现与学生信息不对等的情况。这是双方顺利、高效沟通的基础，是构建和谐关系的保障。更重要的是，辅导员要调整工作理念，注重利用学生的自主性，考虑学生的感受，在教育工作中避免"填鸭式"教学，在管理工作中避免"一言堂"，适当地为学生提供表达观点的机会。要深入了解学生的内心世界，让学生不再对辅导员敬而远之，而是将辅导员当作值得信任的前辈、地位平等的朋友来对待，建立起和谐的关系。

第二章

高校辅导员与学生关系的相关研究

高校辅导员是高校教师队伍的一部分，作为高校思想政治工作开展的骨干力量，要组织并实施好高校日常的思想政治教育和管理工作。本章通过对高校辅导员与学生关系的相关研究进行梳理，对已有研究的成果进行归纳分析与评述，在此基础上获得进一步启发，进而丰富高校辅导员与学生关系的研究成果。通过整理发现，当前学界的研究成果多集中在师生关系研究，以及相关的辅导员队伍建设、辅导员职业能力、辅导员角色定位问题研究；具体到辅导员与学生的关系问题，目前学界的研究成果较少，且已有的研究大多将这一问题置于师生关系的框架之下进行。站在前人的肩膀上，总结前人的经验，借鉴学界已有的研究成果，更进一步地展开研究，本章详细地对辅导员与学生的关系进行了探索。

第一节 关于师生关系的相关研究

马克思说："社会——不管其形式如何——是什么呢？是人们交互活动的产物。"由此可见，社会之所以能存续，是因为人与人相互进行交互活动，产生关系，从而成为"在一定物质生产活动基础上形成的相互联系的人类生活共同体"。在中国，人际关系有着独特的社会文化传统，具有复杂性、多样性，影响着中国人的社会行为方式。具体到教育领域，师生关系作为人际关系的一种，影响着教育的目标、过程、结果，因此非常具有研究价值。师生关系是教育过程中最基本也是最核心的关系。通过研究师生关系，可以给高校辅导员与学生关系的研究带来启发。我国师生关系有关研究的热潮始于 21 世纪初，与我国教育水平提高、教育理念改进、人民素质提高的现实情况是同频共轨的。

和谐的师生关系有利于推动教育活动顺利开展，对教育对象产生有益影响，实现教育目的，是建成"富强、民主、文明、和谐"的社会主义现代化国家的必然要求。为此，学界努力探索如何构建和谐的师生关系，以便更好地指导教育实践。师生关系的和谐与否受到多方面因素的影响，如师生双方的性格、师生双方所处的环境、教育者的能力素质、教育对象的配合程度等。因此，学界的探索也围绕着这些方面展开。对和谐师生关系内涵的探索应从人性的一般特点出发，在教师良好修养和社会正确引导的内外因素作用下，实现"以生为本"与"教师主导"的有机统一，使师生之间形成一种民主、平等、情感交融的主体间性的关系，使教与学两种因素和两个过程和谐结合，最终促进师生双方特别是学生的发展。故此，唯有对和谐师生关系有一个全面的把握，了解其内涵、影响因素、建构过程、目标等，才能有效地建构出社会主义现代化国家所需要的和谐师生关系。

一、和谐师生关系的内涵

了解和谐师生关系的内涵，就是要明确什么是师生关系。按照陈桂生教授的观点，师生关系发生于教师与学生之间，并不是简单的个体间的联系，而是属于一定教育结构中的特殊的社会关系，教育活动一般具有结构化的特点。同时，由于教育活动的周期较长，教师与学生之间便有了较多的交往机会，于是还形成了一种自然的人际关系。因此，师生关系可以总结为教与学的工作关系、社会关系和自然的人际关系。吴康宁教授认为，师生关系是处于动态变化之中的，随着学生超越性的凸显，以及教师与学生知识占有关系的变化，在具体教育场景中师生的角色边界变得模糊起来，都有可能充当"教育者"；盲目地无条件地尊师会遭到这些"教育者们"的拒绝，师生之间应由静态的"师教生学"关系转变为动态的"共生互学"关系。孙喜廷教授则认为，教育活动中的师生关系是一种特定的社会角色关系，这种关系不应是"人与人""民主平等""协作伙伴"的关系。教师在教育过程中承担了"传道""授业""解惑"的社会职责，承担着社会赋予的一种委托，因此具备一定条件的人才能取得教师资格，才能让学生尊师重道，教师才有能力主导、引导着学生。诸如此类，学界目前并没有形成统一的说法，师生关系到底是一种怎样的关系，是一成不变还是动态变化的，双方到底是平等的还是一方主导了另一方，这些都应结合具体的情景进行分析。和谐的师生关系是师生关系的理想状态，但是怎样才算和谐？这在不同时期是有所差异的。在现代社会，和谐的师生关系应该建立在师生相互尊重基础之上，是以友善和高效为基本特征的融洽关系，凸显出人的价值，体现着以人为本的理念。

二、影响师生关系的因素

一段和谐师生关系的产生并不是自然而然的，会受师生双方的影响，也会受到其他因素的影响；探究好影响师生和谐关系的因素，才能趋利避害，构建出和谐的师生关系。对于因素的探究，在早期的研究中便已出现。郑少君认为，高校师生关系受到教师和学生双方的影响。在教师方，个别教师的工作方法有失公平，部分教师重教授知识而轻视了育人工作，政工队伍在开展工作时重管理轻交流、重惩罚轻疏导，部分教师还保留了陈旧的师生观；在学生方，大学生对高校的期望值同现实存在差距，大学生自身的个性差异较大，以及功利主义在大学生群体的传播。虽这一分析只将影响因素分为了教师与学生两个方面，但实际上功利主义是作为一种社会风气存在的，该研究考虑到了社会环境因素的影响。赵伟曾通过问卷调查法展开了师生关系的研究，调查结果显示存在着"高校师生关系的和谐度不高；高校师生之间存在不和谐的教学关系、人际关系和心理关系"，而影响这种和谐关系的因素主要有社会因素、学校因素、教师因素、学生因素4类。这一分析更加细化了影响因素，考虑到了学校的招生规模、教师绩效考核等因素。叶映华、高婷婷构建了由学业关系和情感关系两个维度组成的师生关系，在此基础上开发出了测评工具，探索并验证了影响高校师生关系的因素。其结果表明"师生关系与教师支持、教师可接近性、学生专业感知及专业持续意向等变量呈正相关，与能力不确定性呈负相关"，其中教师支持与教师可接近性这两个变量的相关性最高。目前，已有的高校师生关系测评的工具，包括托米（Tormey R.）的高等学校师生情感关系理论模型、肯伯（Kember D.）等人开发的"教与学环境"测量中包含的"师生关系"子量表、约翰逊（Johnson D. W.）等发展的教师支持量表（其中涉及了师生关系的相关内容）。国内的相关测评工具较少，已有研究多从理论上分析影响师生关系的因素，或通过问卷等形式进行初步的量化研究，这为未来研究指出了一个值得深入的方向。

三、师生关系中存在的问题

既然师生关系会受到各类因素的影响，这就意味着师生关系有好有坏，并不是客观不变的。在王德勋看来，传统中"学生应该围着老师转"的教学观念与现代学生主体意识的冲突构成了新时期高校和谐师生关系构建的困境。同时，教师过重的工作压力与学生迫切的需求之间也存在着矛盾；教师忙于应对科研任务考核，放松了对课堂教学的要求；甚至存在个别教师为获得良好评价而故意迎合学生。此外，大班授课的模式也容易让学生与教师疏远。这些都不利于师生关系良性发展。通过王德勋总结的问题可以发现，教师因素、学生因素、学校因素中都存在阻碍师生和谐关系构建的因素。自我国高校扩招以来，高等教育愈发普及，逐渐进入了高等教育大众化时期。在这一时期，高校师生关系又出现了新的变化。常加忠认为，这一时期的高校师生之间出现了师承关系弱化、淡漠、对抗等异化的问题，具体表现为高等教育人才培养质量下降，教师无法因材施教，学生难以及时与教师沟通、获得指导，教师不能很好地接收学生的课堂反馈信息，师生间互动减少，教师大众化的教育管理方式难以满足每个学生的需求等。教育趋于大众化，学生趋于个性化。长此以往，教师无力解决课前准备不充分、课堂互动不及时、课后沟通不充分等问题，学生也面对着个性化需求无法被满足、个性化才华无法施展等问题。双方面临的问题积重难返，师生关系中的矛盾随之产生。技术的变革同样影响到了师生关系，互联网在方便师生交流的同时也给师生关系带来了新的问题。李海峰、王炜对"互联网＋"时代的师生关系问题进行了探析，他们认为，师生关系发生了4个转向：①从权威的教与学关系转向了相互促进的学伴关系；②从工业化生产关系转向农业化生态培育关系；③从知识内容传授关系转向信源的寻径导游关系；④从知识习得共同体转向公共关系的文化共生体。在这些转变中，教师在教授知识方面的权威不断弱化，更像是学生学习的辅助者和陪伴者，仅遇到问题时，学生才会找到教师咨询商讨；以往教育多以相同的教学方法、相同的教学内容来批量培养学生，缺乏对学生个性化和批判性思维的培养，现在则可以利用新技术及时跟进学生学业，为学生提供精准的指导；以往的学习方式大多只能依靠教师传授，而"互联网＋"时代则带来了极为丰富的学习资源，学生可以自主学习，教师更多的是引导、修正、服务学生；此外，课堂教学的方式需要改进，互联网打破了学习的物理空间障碍，形成了一种新的师生文化共生关系；同时，学生既要与他人沟通交流、和谐互动从而发展知识，又要保持独立思考。面对这些转向，不论是教师还是学生都需要尽力适应，教师要利用好人工智能、大数据等技术丰富创新教育体系、教育方式，加强对学生学习情况的监测、督导；学生也需要有的放矢地施展自己个性化的一面。如若不能顺应"互联网＋"时代的新变化，师生关系必然走向冲突。

四、和谐师生关系的建构

构建和谐师生关系是师生关系研究的最终走向，也是学者们研究的热点问题。随着教育理念的不断改进，师生关系也在现代化进程中发生了转型。潘希武围绕"师生关系现代性转型中的构建"展开了研究。他认为，在师生关系中，理性与情感是并存的。理性的师生关系里要尽量排除个人的喜好与偏见，尊重人的个体性。当然，现实中并不存在纯粹理性的师生关系，应该努力构建的是既有情感也有理性的关系。师生之间可以建成一个情感共同体，"对技术性的理性进行深化，同时又实现情感的升华"，实现理性与情感的新融合。单纯的理性或感性都不能用以测量师生关系的亲疏。师生关系作为社会关系的一种，产生于教师和学生的相互交往之中，行为是建构师生关系的基本因素。徐赟、周兴国从行为意义理论的角度探讨了师生关系的建构问题。他们的研究主要从教师的角度出发，围绕教师"如何建构与学生的和谐关系"这一问题进行阐述，建议教师们在建构师生关系时要参照内在的需求来理解学生行为的意义，而不是参照某个标准来加以评判；要理解学生的生活处境与其行为之间的联系，避免孤立、片面地看待学生的某一行为；还要形成一种理解学生感受的能力，使自己的需求、意图及生命意向努力地与学生的相契合等。面对如今新型师生关系建构的热潮，相较于其他学者，邵成智则持有一种略微担忧的态度，他对此有着自己的思考。在他看来，各种新型师生关系理论的构想存在偷换概念之嫌，忽略了师生关系的本质特征，其建构归根到底是理想主义的而不是基于现实而产生的，是教育学者的价值追求，并不能作为解决当下师生关系问题的方案被宣扬，还是应该多考虑师生关系建构在现实中面临的问题。

第二节　关于辅导员队伍建设的相关研究

在辅导员与学生相互交往、形成关系的过程中，辅导员的工作能力、职业素养能够产生一定的影响。当辅导员具备较强的职业能力，能及时为学生答疑解惑、提供帮助时，学生往往会更加认可、信赖辅导员，二者的关系也更容易亲近一些；相反，如若辅导员工作能力欠佳、工作方式方法不当，无法妥善处理学生问题，那么学生也很难对其信服，关系自然不会融洽。因此，构建良好的辅导员与学生关系离不开辅导员自身职业能力的提升，需要加强辅导员队伍建设，提高辅导员工作胜任能力，推动辅导员队伍朝着更为专业化的方向发展，用更为高效的工作方法开展思想政治教育工作，从而取得更为优质的思想政治教育成果。

我国一直注重加强辅导员队伍建设，先后出台了多项政策、通知等指导、督促这一工作的开展。发展至今，这支队伍整体上愈发专业化、职业化，也涌现出一批批全国高校辅导员年度人物，为高校辅导员树立了榜样，发挥着示范效应。总结我国关于辅导员队伍建设的相关研究，可以按时间阶段、院校类型等划分标准进行分类研究，以对当下高校辅导员的工作产生启发。

一、因时制宜的辅导员队伍建设

高校辅导员承担了培养人的工作，而人才的培养必然要符合时代所需。培养能够担负时代使命的青年学子是高等教育的使命，辅导员队伍建设的目标、内容往往围绕育人任务而调整，也必会反映出当时的时代特点。我国"高校辅导员"这一职业发轫于中国人民抗日军事政治大学中的政治指导员，历经变革，发展至今，已经成为高校思想政治工作的骨干力量，是各高校常设的职位之一，具有教师和管理人员双重身份。从其他工作人员兼职负责思想政治工作到辅导员队伍成为独立的体系，这支队伍也逐渐从数量不足、思想不稳、后继乏人走向人员充足、立场坚定、后继有人。

从时间上看，有关辅导员队伍建设的研究在 21 世纪才开始逐渐增多，这与我国辅导员制度发展的现实情况相契合。2005 年，教育部颁布了《教育部关于加强高等学校辅导员、班主任队伍建设的意见》。该《意见》对辅导员的配备、选聘、培养等内容做出了相对详细的规定，为各地、各高校建设辅导员队伍提供了依据。梁金霞、徐丽丽在该《意见》实施一年后对全国 103 所高校辅导员队伍建设的情况进行了调查。结果表明，当时辅导员队伍建设中亟待关注的内容依次是辅导员队伍的发展、加强培训提高政治业务素质、岗位职责的明确、政治地位和经济待遇的提高等，基于这些问题提出了"健全机制为辅导员发展搭建平台、加强培训提高辅导员队伍整体素质、准确定位明确辅导员工作职责"3 个方面的建议。考虑到当时该《意见》仅实施了一年多，可能存在一些历史遗留问题还没有被充分解决，对此应该客观看待。之后，教育部颁布的《普通高等学校辅导员队伍建设规定》（教育部令第 24 号，简称"24 号令"）则进一步针对辅导员队伍建设提出了要求。2016 年，在"24 号令"颁布 10 年之际，时任教育部思想政治工作司司长冯刚对高校辅导员队伍专业化、职业化建设的发展路径进行了回顾与展望。10 年来，在"24 号令"的指导下，我国高校辅导员队伍的年龄结构、学历结构、知识结构日趋合理，队伍的专业水平和职业素养不断提高，辅导员正成为教育引导学生健康成长、维护高校和谐稳定的中坚力量。面对辅导员队伍建设中出现的专业归属不清晰、政策支持平台系统化不充分、职业愿景不够明确、职业文化建设仍需加强等问题，他提出要鼓励更多辅导员从被动专业化向主动专业化转变，引导更多辅导员从基础专业化向高等专业化转变，激励更多辅导员从阶段性专业化向常态化专业化转变，推进高校辅导员队伍专业化、职业化建设向纵深发展。"24 号令"的实施推动了我国辅导员队伍专业化、职业化建设的进程，辅导员在学生成长中扮演着愈发重要的角色，但是当时的辅导员群体中仍旧存在一些问题需要进一步解决。2017 年 9 月，教育部颁布实施"43 号令"，辅导员队伍建设又迎来了新的突破。朱志梅、王雨茜曾对新时代的高校辅导员队伍建设路径进行了探究，认为在当前的辅导员队伍建设中，仍旧存在着角色定位不准确、整体质量不高、培训环节薄弱及人才流失严重等问题，阻碍了辅导员队伍建设质量和思想政治工作实效提升；对此提出了找准角色定位、强化学习培训、建立健全相关机制等建议，以为辅导员角色赋予正确认知、提高辅导员队伍的整体素质和稳定性。围绕新时代辅导员队伍建设问题，学界还有丰富的研究成果，如左辉、王涛认为当前辅导员职数配备仍旧不达标，期待辅导员队伍结构组成能够更合理；王振华、朱蓉蓉提及了新时代辅导员在工作中面临着育人对象的显著差异化、网络时代下思想政治教育形式载体增加等新形势。

二、因地制宜的辅导员队伍建设

我国高等教育体系完整，院校类型多样，按照学生学历来划分，主要包括专科教育、本科教育、研究生教育等层次，其中本专科教育阶段的学校可以划分为公办本科大学、独立学院、民办高校、职业技术学院、高等专科学校等。不同学校的办学模式、招生范围、人才培养模式等均有所差异，不同高等院校中辅导员所面对的工作对象也具有不同的特点，学界不乏针对不同类型院校的辅导员队伍建设的研究。

随着我国不断开放，国外先进的教育理念被引进。立足我国实际，我国教育事业在中国特色社会主义教育发展道路上突飞猛进，已经建成了世界上最大规模的教育体系，实现了从学前教育到研究生教育的全覆盖。在高等教育领域，继"211 工程""985 工程"之后，我国又提出了"双一流"战略，一批拔尖高校和学科入选，成为我国高等教育人才培养的"领头羊"。高校辅导员队伍建设在这一背景下面临着新的任务。杨燕认为，辅导员队伍作为开展思想政治教育工作的骨干力量，能够在"双一流"建设中发挥至关重要的作用。然而，辅导员不受学校重视、与学生沟通不畅、自身专业程度不高、日常工作任务繁重等问题成了这一队伍发挥职能推动"双一流"建设的阻碍。因此，应该借助"双一流"建设的东风，完善辅导员制度，优化辅导员与学生的沟通机制，加强业务培训，优化工作分工，为"双一流"建设高校和学科的辅导员发挥作用提供更广阔的平台。

如果说"双一流"高校一直备受党和国家的关注，在社会上家喻户晓；那么，高职院校可能就是被社会公众忽略的群体。我国社会一度对高职院校存在一定的偏见，高职院校对学生思想政治工作的重视不够，高职院校的辅导员队伍建设常常被忽视。步入新时代，高等职业教育受到了前所未有的重视，在党和国家政策的引领下不断发展，几乎占据了高等教育的半壁江山，有关高职院校辅导员队伍建设的研究随之充盈。赵雅卫、刘钰涵认为，高职院校辅导员队伍建设还不够完善，整体结构不合理，工作量核算标准不一，主动开展学生工作研究的意识和能力不强。因此，高职院校应该构建党委领导下的思想政治教育工作体系，合理规划、安排辅导员队伍的结构，明确辅导员的工作职责和地位，增强辅导员岗位的吸引力，完善辅导员培养培训工作机制。

民办高校也是我国高等教育的重要组成部分，是我国高等教育办学方式的新探索，充实了我国高等教育的资源，充分利用了我国的社会办学力量，分担了公办高校的压力，为继续求学的学生提供了更多的选择，尤其是为一些高考成绩欠佳的学生提供了接受高等教育的机会。然而，由于民办高校在办学、管理、运行等方面的专业性与公办高校相比还存在一定差距，因此其辅导员队伍承担了更繁重且复杂的育人任务和工作压力，必须重视这一队伍的素质能力，使其在学生成长过程中发挥引领作用，长远看也有利于民办高校学风、校风和社会影响力的养成。徐兴林、孙兆忠、张艳探索了民办高校辅导员的自我效能感和胜任力提升问题。他们认为，民办高校辅导员队伍建设状况与该校的人才培养质量乃至学校自身的可持续发展息息相关；但是，现实中民办高校对辅导员胜任力和自我效能感的提升缺乏重视，辅导员的思想政治素质与职业责任感仍旧不足，辅导员工作所需要的教育指导能力、学习创新能力和沟通协调能力都有待提升。为此，民办高校应该科学选拔、培养辅导员，加强对辅导员工作的监督和考核，结合实际开展辅导员轮岗与工作职位调整；辅导员自身则应该主动提高思想政治素质和综合业务能力，科学调适心态并克服职业倦怠。

第三节　关于辅导员职业能力的相关研究

如果说辅导员队伍建设是针对辅导员群体素质提升的工作，涉及思想政治教育工作的顶层设计，其实现离不开政策的保障和整体的规划；那么，辅导员职业能力提升则关注到了辅导员个体的能力素质提升，需要辅导员自身做出相应努力才能实现。辅导员队伍建设关系到辅导员整体的形象风貌，而辅导员职业能力则会直接影响到思想政治教育的过程和结果，两者略有差异，因此对辅导员职业能力的相关研究单独进行了梳理。

一、辅导员职业能力提升

辅导员的职业能力水平关系着思想政治教育的效果。从各级部门到基层高校都十分重视辅导员职业能力的提升，对辅导员的培训也从岗前开始覆盖到了上岗后的各个阶段，培训的内容也基本涵盖了工作中所涉及的方方面面。除了培训之外，一些高校还通过辅导员职业能力大赛、岗位技能测试等方式督促辅导员注重职业能力的提升，各省市至全国也通过举办辅导员职业能力大赛展示了一大批优秀辅导员的职业风采。同时，越来越多的辅导员在任职期间攻读了思想政治教育等专业的硕士研究生和博士研究生，通过继续教育的方式提升自我。围绕辅导员职业能力提升的主题，许多专家、学者、辅导员等都进行了研究，有关成果颇丰。

邹涛通过对部分高校的辅导员、学生和分管学生工作的领导进行访谈，记录了辅导员们开展大学生思想政治教育、心理健康教育、日常管理、职业生涯教育等工作中的经历，真实了解了辅导员们在具体工作开展中面临的挑战，以及分析并解决问题的过程、事后的思考和心得，得出"良好的沟通能力是辅导员的必备技能""尽早建立组织认同感是辅导员成长的重要一步""善于共情与分享是辅导员的重要特质"等结论，对辅导员提升职业能力很有启发。何登溢则在《高校辅导员职业发展研究》一书中梳理了当前高校辅导员职业发展的积极方面和消极方面。何登溢通过构建研究模型和深度访谈来开展研究，将具体研究分为了宏观（环境因素）、中观（组织因素）和微观（个人因素）3个层面，最后从高校辅导员的科学化管理机制、科学化培训体系、科学化考评体系、科学化发展路径、法治化建设保障5个方面建构了高校辅导员职业发展的科学管理体系。楼艳在德育共同体的视域下对高校辅导员的职业发展问题进行了研究。楼艳认为，德育共同体是中国特色社会主义大学的特有属性，建构德育共同体是时代要求，辅导员是其中的关键主体。因此，辅导员要突破在德育共同体中的身份困境，加强职业认同与自我认同，将职业能力提升从"上级要求"变为"自我需要"，利用好专业发展的平台，参与协同育人。此外，还有多部著作、论文对辅导员职业进行了讨论，为辅导员职业能力提升提供了参照。

二、辅导员职业倦怠

无论从事什么职业，人都有可能因工作压力导致身心疲惫，进而产生职业倦怠，这是正常现象。虽然学生会因毕业、专业调整等原因产生流动，但是辅导员工作错综繁杂，解决学生问题的方法思路变动不大。长时间重复相同的工作，以及晋升、家庭等因素带来的压力，辅导员难免会产生职业倦怠的情况。只有正视职业倦怠并积极调整自己的身心状态，职业倦怠才不会成为辅导员职业发展的阻碍。

1974年，弗鲁顿伯格（Freudenberger）首次提出了"职业倦怠（burn-out）"，之后这一问题日益受到社会关注。简单说，职业倦怠是个体因不能有效地缓解工作压力或妥善地应付工作中的挫折所经历的身心疲惫状态。教师职业倦怠是教师不能有效解决工作压力的一种反应，主要表现为长期情绪上的倦怠感、人格的解体和较低的成就感。具体到辅导员的职业倦怠问题，罗涤、姚木远意识到职业倦怠作为一种职业性伤害，严重地影响着高校辅导员队伍的发展，而且这种趋势仍在加重。究其原因，主要在于辅导员工作的社会支持度不高、组织体系不健全、个人体验存在差异。他们提出了一些建议，如通过构建和谐的环境来提高辅导员的社会地位，搞好职业文化建设以树立辅导员良好的职业形象，积极运用自我调适的杠杆来实现个体转变。潘国雄则将高校辅导员职业倦怠置于人力资源管理的视角下来展开研究，建立了高校辅导员职业倦怠影响因素结构方程模型，以广东省高校的辅导员为样本进行调查，最终发现了高强度工作、学生对辅导员的不尊重程度、学校对思政教育的不重视、缺乏社会地位4项可导致辅导员职业倦怠的因素，同时针对这4项因素为克服辅导员职业倦怠提出了对策。王亚群、覃红霞则从社会学的视角审视了这一问题。她们发现高校辅导员表面上面临着工作内容杂、工资低、身份尴尬、压力大等问题，但是进一步分析则是高校辅导员以女性居多、职业选择并非自愿、由性别依附和性别偏见等社会性因素导致的一个不可避免的结果；要彻底解决辅导员的职业倦怠问题就必须打破性别依附和性别偏见，然而这短期是不可能实现的；所以，站在社会学的角度看，高校辅导员的职业倦怠现象只能缓解而不可能得到根除。

第四节　关于辅导员角色定位的相关研究

提及辅导员与学生的关系构建问题，必须考虑到辅导员的角色与定位。在其位、谋其政。正是因为辅导员处于某种位置、扮演了某种角色，在与学生的沟通交往中才能够发挥出相应的作用。当前文献中关于辅导员角色定位的研究也较为丰富，一些权威的期刊、报纸、书籍中均有所涉及，可见这一问题极具研究价值。

一、与时代同频的辅导员角色定位

辅导员的角色定位不是固定的，而是与时代背景、社会环境、国家政策等相关联的。从最初的"政治指导员"到如今的"人生导师"和"知心朋友"，我国辅导员角色定位依据社会背景不断进行调整。

改革开放之后，我国生产力得到了极大的解放和发展，人民的生活逐渐得到了改善；解决了温饱问题之后，人们开始对文化生活有了更高的需求，高校招生规模扩大，高校辅导员角色经历了一系列的发展演变。靳玉军、李晓娟认为，改革开放以来的近30年里，随着时代变迁和高校学生工作内容的变化，高校辅导员角色也发生了变化；在身份上从"政工干部"演变为"既是教师又是政工干部"，在职责规范上从"思想政治教育"演变为"思想政治教育、管理和服务"，在角色期望上从"实际工作者"演变为"实践-理论研究者"，在行为模式上从"权威、说教"演变为"平等、引导、促进"，辅导员的角色定位体现了时代性、多元性和专业性。2017年，中共中央、国务院印发的《关于加强和改进新形势下高校思想政治工作的意见》明确提出，要坚持全员全过程全方位育人（简称"三全育人"）。在"三全育人"的背景下，高校辅导员迎来了新的使命与角色定位。魏金明发现，在推动"三全育人"工作的进程中，辅导员当中存在着理念不牢、职责不清、成效不显等不足；辅导员要深刻认识"三全育人"的内涵，把握思想政治工作规律和学生成长规律，在全员育人格局中摆正位置、明确职责，发挥衔接作用，做好资源整合，落实高校立德树人根本任务。耿品、彭庆红则对新中国成立以来高校辅导员角色的发展演变进行了梳理，认为高校辅导员角色定位与辅导员工作的发展阶段是相联系的，其发展演变体现出"角色定位由内涵单一到多样、角色规范由突出政治到兼顾全面、角色实践由单独行动到分工合作、角色评价由单向考评到多方考评"的趋势；可以总结出的基本经验是，要始终坚持把政治引导作为角色定位的首要标准，把道德示范作为角色定位的重要导向，把问题导向作为角色定位的重要推力，把以学生为本作为角色定位的基本原则。

二、比较视野下的辅导员角色定位

放眼国际，没有一项辅导员制度能够满足每个国家的办学需求，不同国家辅导员的角色定位差异较大。国外的辅导员大多负责学生事务管理、学生事务咨询、学生日常服务等工作，不需要承担授课任务。我国高校辅导员制度体现了我国社会主义的办学方向。我国的辅导员突出了政治性，注重思想引领工作，一些高校的辅导员还承担了形势与政策、职业生涯规划与就业指导等课程的授课任务。

通过将我国高校的辅导员与国外高校的辅导员（school counselor）进行比较，罗公利、聂广明、陈刚重新审视了我国辅导员的角色定位。他们认为，国外辅导员的角色定位具有专业化、社会化、多样化的特点，能够利用自身专业优势为学生提供指导和服务，鼓励社区、家庭等社会力量参与学生的辅导和服务工作，力求满足学生的多样化要求；而我国辅导员的首要任务则是思想政治教育，学科背景较为综合，符合职业所需的专业能力相对薄弱，很多辅导员将这一职业作为自己的过渡性工作，职业归属感不强、队伍不够稳定。因此，建议"严格准入制度，优化辅导员队伍素质结构""完善制度设计，拓宽辅导员成长空间""鼓励专业细分，突出辅导员职业特点""倡导科学研究，提高辅导员教研能力"。黄军伟选取了美国高校的辅导员与中国高校的辅导员两类群体，对他们的制度和角色定位进行了比较，并得到了一些启示。在工作理念上，美国高校辅导员制度体现出的以学生为本、为学生服务的工作理念与我国学生工作理念基本一致，美国的辅导员制度偏重于学生主体性的训练和培养，其思想政治教育融入了学生人格训练和公民素质培养的过程中；在专业化发展水平上，美国高校学生事务管理是一种职业方向，从业者需要具备心理咨询、职业指导、学生事务实践等方面的硕士或博士学位，高级管理人员必须具有丰富的从业经验，我国对辅导员的专业还没有特别限定，但是辅导员队伍的学历正在提升；此外，在职业归属感、法律法规保障、职业的协会制度方面，中美两国仍存在一些差异。他认为，随着我国高等教育的改革和发展，我国辅导员制度必须在理论和实践方面都进一步丰富和发展，加快辅导员学科建设，在高校建立相应的学科点，促进辅导员理论与实践的发展，为实现我国辅导员骨干队伍的专业化和职业化奠定基础。

在国际比较视野下，还有一种特殊形式的辅导员——国际学生（来华留学生）辅导员，国际学生在我国面临着文化观念、身份认同、风俗习惯等诸多方面的冲突，这些学生的辅导员必须有更加多元、独特的定位。吴文浩、谢志芳认为，面对跨国别文明冲突和跨文化交往障碍，国际学生辅导员在成为教育对外开放和来华留学教育工作的积极参与者和重要贡献者，培养了一大批"知华、友华"的优秀来华留学人才。同时，他们面临了更多的挑战。在具体工作中，国际学生辅导员要牢记"外事无小事"，在管理服务和培养质量方面趋同化，在处理涉外事务和推动"趋同化"的过程中坚持"内外有别"。而张继桥则认为，对国际学生的教育本质上是一种跨文化教育，高校国际学生辅导员随之要承担跨文化交际者、跨文化教育者、跨文化管理者和跨文化研究者的角色。因此，应具备跨文化交际能力、跨文化教育能力、跨文化管理能力和跨文化研究能力。

第三章

高校辅导员与学生关系的现实考察

我国的辅导员起源于"政治指导员"，主要负责基层中队学员的思想、学习、生活等工作。由于学校常参照部队的组成编制，对学员进行军事化管理，政治指导员和学员之间存在一定的上下级关系。发展至今，高校辅导员正努力成为学生的"人生导师"和"知心朋友"，辅导员与学生之间的关系愈发亲密，"严师出高徒"正慢慢发展为"慈师也能出高徒"。

当前，"00后"和"90后"学生成为我国高校在读学生的主体，大批的"05后"学生也即将入学。这部分学生大多为独生子女，部分学生还是成长于"双独家庭"的孩子，自幼便拥有了丰富的家庭资源，享受了前所未有的良好物质条件和开放社会环境，也在教育理念和思维观念等方面与上一代人有所差异。在物质条件上，他们成长于我国改革开放后经济飞速发展的时期，拥有了相比于"80后""70后"更富足的物质条件，温饱乃至优渥的物质生活已经不再是他们的向往，而是已经成为现实。通过"科举之路"成为"人上人"已经不再是其唯一的出路，对学业的要求与重视程度也有所放松，开始把一些精力放在社会实践、个人兴趣爱好培养等方面，使得辅导员在学业指导工作上面临着更大的压力。伴随着经济的发展，我国在世界上的地位也随之上升，国际先进的教育理念不断传入，学生拥有了更多样化的教育选择，同时也希望获得能达到国际先进水平的教育。对于我国高校的教育管理方式，他们有时难以理解，与教师、家长在教育理念上可能存在冲突，并不会十分配合辅导员的工作。在精神生活上，他们生活的社会氛围更加开放，文化生活更加丰富多彩，尤其是"洋快餐""洋大片"等外来文化在他们的生活中扮演了不可忽略的角色，进而影响到他们的价值观，造成了他们价值观的多元化。在思想政治教育工作中，外来文化的冲击造成了一定的意识形态风险，这意味着必须教育学生树立正确的世界观、人生观、价值观，做好学生的思想引领工作任重而道远。与此同时，互联网走进中国，信息时代不可阻挡地到来，网络在他们的生活中无孔不入，成为其难以割舍的一种依赖。互联网除了给学生学习、社交和生活带来便利之外，其弊端也是不言而喻，网瘾、网络诈骗等现象在学生群体中也频频出现；加之网络信息传播迅速，良莠不齐的信息轻易便能浮现在学生眼前，令其难以分辨。"网络思政"在这种环境下应运而生。网络虽可能对学生产生不良影响，但也可以创新工作方式，利用好网络这把双刃剑，使其为思想政治教育服务成为辅导员的又一项重点工作。

尽管当前高校学生发展情况总体向好，他们热爱祖国，一心向党，坚定"四个自信"，把自己的命运融入祖国的命运之中；他们关心社会发展，热心公益事业，在疫情防控、国际赛事等一线都能找到其靓丽的身影；他们在专业学习中潜心钻研，不怕吃苦，主动到西部去、到基层去、到祖国最需要的地方去，把论文写在了祖国大地上；他们在各项文体活动中大显身手，展现出当代青年的朝气与活力；在国际交流中讲好了中国故事，在全球舞台上展示了中国形象，在世界赛场上迸发出中国力量。但我们也必须承认，当代高校学生自我意识不断增强，越发关注自我的需求与感受，追求个性化的他们在个人需求上往往五花八门；辅导员要在不同的需求中找到平衡点，从各异的需求中找到共同之处，使之化作学生群体的共同追求，也要在这个过程中处理好与不同学生的关系。

第一节　高校辅导员与学生关系的概况

辅导员面对的学生不同，与之形成的关系也会有所不同。他们之间或情同手足、或形同陌路、或泛泛之交，必须承认的是不论二者之间的关系处于何种状态，都会或多或少地影响到思想政治教育工作的效果。尽管当前研究者们对师生关系（包括辅导员与学生关系）的划分界限略有不同，但他们都认定了师生关系对人才培养的重要作用。综合现有相关研究的观点和调查所得数据，借鉴扎根理论（Grounded Theory，GT）的定性研究方法，最终将辅导员与学生的关系归纳为 4 个类型：亲如一家型、知心朋友型、德高望重型、夏日可畏型。判断某辅导员与其学生的关系如何，主要从这 4 种类型中找出答案；当然，除此之外还有一些个例存在。

一、调查情况概述

（一）研究问题
通过探讨我国高校辅导员工作的历史与当代发展、我国高校辅导员在学生工作中的角色定位和工作职责、辅导员与学生关系研究的必要性等内容，结合中西方关于高校辅导员与学生关系的相关研究，基本了解了高校辅导员与学生关系的类型、影响因素、现有问题、改进举措等，由此提出了 4 个待研究的问题：

问题 1：当前高校辅导员与学生的关系是怎样的？存在什么问题？

问题 2：高校辅导员与学生的关系受什么因素影响？

问题 3：辅导员与学生分别会对这段关系产生怎样的影响？

问题 4：如何改进高校辅导员与学生的关系，在其二者之间构建出良好的关系？

（二）研究方法

在具体的调查工作中，本书首先采用了问卷调查法，以获取样本的个人基本信息、辅导员与学生关系的基本状况、双方相处中是否存在问题、问题的成因及希望的解决方式等。本次问卷调查采用线上与线下两种发放形式，对学生发放问卷100份，回收有效问卷100份；对辅导员发放问卷50份，回收有效问卷50份。

其次，通过问卷调查所呈现出的数据，与97个样本（65个为学生样本，32个为辅导员样本）进行了一对一、时长均在30分钟以上的深度访谈；同时，访谈后的一周内允许访谈对象对访谈内容进行补充。由于客观条件所限，因此采用了线上与线下两种访谈形式。访谈录音已按照研究需要整理成文字，用于研究、分析。此外，有8个样本因个人原因无法参与深度访谈，10个样本没有参与后续深度访谈的意向，35个样本对主观描述类问题的回答存在不具有代表性、缺乏研究价值、与本书主题有所偏离等问题，因此只采纳其问卷中的部分数据用以开展研究。在与所有样本进行深度访谈后，发现性别、学历、年龄、民族、心理需求、个人经历等个体特征因素对辅导员与学生之间的关系产生的影响，并无其他新的重要信息出现。新收集到的数据可以被已有范畴概括，而不再产生新的范畴，这符合扎根理论中所强调的理论饱和。由此可知，以上97个样本具备了研究样本所需的典型性，达到了研究所需的信息饱和程度。

（三）样本选择

在选取样本时，主要采用了随机抽样、分层抽样两种方法，邀请南京大学、东南大学、中国地质大学（北京）、南京理工大学、南京航空航天大学、安徽大学、山东师范大学等12所高校的50名辅导员和100名学生作为样本。

如此选择样本的原因主要为：①已有研究表明了学校因素对辅导员和学生关系的影响，因此不能仅针对某一学校的辅导员和学生开展研究；②辅导员的工作内容与学生的学习阶段有关，因此要分别了解本科生、硕士研究生和博士研究生与其辅导员的关系情况；③辅导员与学生的关系是因人而异的，尤其是对于辅导员来说，其工作经验和生活经历对其处理与学生的关系有着重要的影响，故需要多选取一些样本；④辅导员与学生的关系难以量化，在调研中需要样本对自身经历进行描述，需要了解其主观感受，在多个样本描述的基础上进行整理与总结，因此必须要选取丰富的样本开展深度访谈。

通过问卷调查所了解到样本中学生群体的性别、年级、年龄、民族、所在专业、家庭所在地、家庭人均月收入等基本情况如表3-1、表3-2所示。

表 3 - 1　问卷样本（学生）基本情况

变量	类别	计数（人）	所占百分比
性别	男	61	61%
	女	39	39%
年级	预科班或大一	9	9%
	大二	20	20%
	大三	27	27%
	大四	18	18%
	延长学制	3	3%
	硕士研究生	15	15%
	博士研究生	8	8%
年龄	18 岁以下	10	10%
	18～22 岁	68	68%
	23～26 岁	14	14%
	27～30 岁	5	5%
	30 岁以上	3	3%
民族	汉族	79	79%
	少数民族	21	21%
所在专业	文科	21	21%
	理科	18	18%
	工科	61	61%
家庭所在地	城市	53	53%
	农村	47	47%
是否为独生子女	是	71	71%
	否	29	29%
家庭人均月收入	700 元以下	3	3%
	700～1 699 元	26	26%
	1 700～4 100 元	59	59%
	4 100 元以上	12	12%

注：对家庭人均月收入各选项的划分标准做以下说明：首先，假设学生家庭中最少为 3 人，父母有收入来源。2021 年，各省市的最低工资标准均已超过 1 100 元，考虑到学生本人存在无收入来源的情况，$1 100 \times 2/3 \approx 733.33$，为方便统计将家庭人均月收入的最低标准设置为 700 元以下；上海市的最低工资标准是全国各省市中最高的，已经超过 2 500 元，$2 500 \times 2/3 \approx 1 666.67$，因此以 1 700 元作为第二、三等的划分标准。2021 年，城镇集体单位就业人员平均工资为 74 491 元，平均每月 6 207.58 元，$6 207.58 \times 2/3 \approx 4 138.39$，便以 4 100 元作为第三、四等的划分标准。*

---

* 数据来源：人力资源和社会保障部网站，网址：http://www.mohrss.gov.cn/SYrlzyhshbzb/laodongguanxi_/fwyd/202111/t20211119_428287.html；国家统计局网站，网址：https://data.stats.gov.cn/easyquery.htm? cn=C01。在设计问卷时国家统计局网站的最新数据只更新到 2021 年，因此将 2021 年的数据作为衡量标准。城镇集体单位就业人员平均工资是所有就业人员平均工资中最低的一类，因此选择此类平均工资的值作为衡量标准。

表 3-2 深度访谈样本（学生）基本情况

编号	性别	年级	年龄	民族	专业类别	家庭所在地	是否为独生子女	家庭人均月收入
1-1	男	预科班或大一	18～22岁	维吾尔族	理科	农村	否	700～1 699元
1-2	男	预科班或大一	18岁以下	汉族	工科	城市	是	1 700～4 100元
1-3	女	预科班或大一	18～22岁	汉族	文科	城市	是	4 100元以上
1-4	女	预科班或大一	18～22岁	维吾尔族	理科	农村	否	700～1 699元
1-5	女	预科班或大一	18岁以下	汉族	工科	城市	是	1 700～4 100元
2-1	男	大二	18～22岁	汉族	工科	农村	是	700～1 699元
2-2	男	大二	18～22岁	汉族	工科	农村	否	1 700～4 100元
2-3	男	大二	18～22岁	汉族	文科	城市	是	700～1 699元
2-4	男	大二	18～22岁	汉族	理科	城市	是	4 100元以上
2-5	男	大二	18～22岁	回族	工科	农村	否	700元以下
2-6	男	大二	18～22岁	汉族	理科	城市	是	1 700～4 100元
2-7	男	大二	18～22岁	汉族	文科	城市	是	1 700～4 100元
2-8	男	大二	18～22岁	汉族	工科	农村	是	700～1 699元
2-9	男	大二	18～22岁	汉族	理科	农村	否	700～1 699元
2-10	男	大二	18～22岁	回族	理科	农村	否	700～1 699元
2-11	女	大二	18岁以下	汉族	工科	城市	是	1 700～4 100元
2-12	女	大二	18～22岁	汉族	工科	城市	是	1 700～4 100元
2-13	女	大二	18～22岁	汉族	理科	城市	否	4 100元以上
2-14	女	大二	18～22岁	藏族	文科	农村	否	700～1 699元
2-15	女	大二	18～22岁	汉族	文科	城市	是	1 700～4 100元
2-16	女	大二	18～22岁	汉族	工科	城市	是	700～1 699元
2-17	女	大二	18～22岁	汉族	理科	农村	是	700～1 699元
2-18	女	大二	18～22岁	哈萨克族	工科	农村	否	700～1 699元
3-1	男	大三	18～22岁	汉族	理科	农村	是	1 700～4 100元
3-2	男	大三	18～22岁	汉族	工科	城市	是	1 700～4 100元
3-3	男	大三	18～22岁	汉族	工科	城市	是	700～1 699元

（续）

编号	性别	年级	年龄	民族	专业类别	家庭所在地	是否为独生子女	家庭人均月收入
3－4	男	大三	18～22 岁	满族	工科	城市	是	1 700～4 100 元
3－5	男	大三	18～22 岁	汉族	文科	农村	否	1 700～4 100 元
3－6	男	大三	18～22 岁	汉族	工科	城市	是	4 100 元以上
3－7	男	大三	18～22 岁	汉族	工科	城市	是	1 700～4 100 元
3－8	男	大三	18～22 岁	汉族	工科	农村	是	1 700～4 100 元
3－9	男	大三	18～22 岁	汉族	工科	农村	是	1 700～4 100 元
3－10	男	大三	18～22 岁	汉族	理科	城市	是	1 700～4 100 元
3－11	男	大三	18～22 岁	汉族	工科	农村	否	700～1 699 元
3－12	男	大三	18～22 岁	汉族	工科	农村	是	1 700～4 100 元
3－13	男	大三	18～22 岁	汉族	工科	城市	是	1 700～4 100 元
3－14	男	大三	18～22 岁	汉族	工科	城市	是	1 700～4 100 元
3－15	男	大三	18～22 岁	汉族	工科	城市	是	1 700～4 100 元
3－16	女	大三	18～22 岁	壮族	文科	农村	否	700～1 699 元
3－17	女	大三	18～22 岁	汉族	工科	城市	否	1 700～4 100 元
3－18	女	大三	18～22 岁	汉族	工科	城市	否	1 700～4 100 元
3－19	女	大三	18～22 岁	汉族	工科	农村	是	1 700～4 100 元
3－20	女	大三	18～22 岁	汉族	工科	农村	是	1 700～4 100 元
3－21	女	大三	18～22 岁	汉族	工科	城市	是	1 700～4 100 元
3－22	女	大三	18～22 岁	汉族	工科	农村	是	1 700～4 100 元
4－1	男	大四	18～22 岁	汉族	理科	城市	是	1 700～4 100 元
4－2	男	大四	18～22 岁	藏族	文科	农村	否	700～1 699 元
4－3	男	大四	18～22 岁	汉族	工科	城市	是	1 700～4 100 元
4－4	男	大四	23～26 岁	汉族	工科	农村	否	1 700～4 100 元
4－5	男	大四	18～22 岁	汉族	工科	农村	是	1 700～4 100 元
4－6	男	大四	18～22 岁	汉族	工科	农村	是	700～1 699 元
4－7	男	大四	18～22 岁	汉族	文科	城市	是	1 700～4 100 元

（续）

编号	性别	年级	年龄	民族	专业类别	家庭所在地	是否为独生子女	家庭人均月收入
4-8	女	大四	18～22岁	汉族	工科	城市	是	1 700～4 100元
4-9	女	大四	18～22岁	汉族	文科	城市	否	1 700～4 100元
4-10	女	大四	18～22岁	汉族	工科	农村	是	1 700～4 100元
4-11	女	大四	18～22岁	汉族	理科	城市	否	1 700～4 100元
4-12	女	大四	18～22岁	汉族	理科	农村	是	700～1 699元
4-13	女	大四	18～22岁	蒙古族	工科	城市	是	1 700～4 100元
5-1	男	延长学制	23～26岁	汉族	工科	农村	否	1 700～4 100元
6-1	男	硕士研究生	27～30岁	汉族	工科	城市	是	4 100元以上
6-2	女	硕士研究生	23～26岁	汉族	工科	农村	否	1 700～4 100元
6-3	女	硕士研究生	23～26岁	朝鲜族	工科	城市	是	1 700～4 100元
6-4	女	硕士研究生	23～26岁	汉族	理科	农村	是	700～1 699元
6-5	女	硕士研究生	23～26岁	汉族	文科	城市	否	1 700～4 100元
7-1	男	博士研究生	30岁以上	汉族	工科	城市	是	4 100元以上

注：在对样本进行分类整理后，按照学生的年级进行编号，如1-1指预科班或大一的1号样本，6-2指硕士研究生2号样本。本书在后期处理及使用样本数据的过程中会对其个人信息保密，所以后面出现相关描述时用样本S1、样本S2等来表示。

通过问卷调查所了解到的样本中辅导员群体的性别、年龄、民族、最高学历、职称、从事辅导员工作的时间（包括兼职与专职）、兼职/专职、是否有转岗或不再从事辅导员工作的意向、所学专业类别、自己专业与所带学生专业是否对口、婚姻状况、生育子女状况如表3-3、表3-4所示。

表3-3 问卷样本（辅导员）基本情况

变量	类别	计数（人）	所占百分比
性别	男	20	40%
	女	30	60%
年龄	26岁以下	21	42%
	26～30岁	16	32%
	31～40岁	11	22%
	40岁以上	2	4%
民族	汉族	44	88%
	少数民族	6	12%

（续）

变量	类别	计数（人）	所占百分比
最高学历	博士	3	6％
	硕士	28	56％
	硕士以下	19	38％
职称	无	19	38％
	讲师或助理研究员及以下	26	52％
	副教授或副研究员	5	10％
	教授或研究员	0	0
从事辅导员工作的时间	2 年以下	8	16％
	2～5 年	15	30％
	6～10 年	21	42％
	10 年以上	6	12％
兼职/专职	兼职	19	38％
	专职	31	62％
是否有转岗或不再从事辅导员工作的意向	是	15	30％
	否	35	70％
所学专业类别	文科	19	38％
	理科	11	22％
	工科	20	40％
自己专业与所带学生专业是否对口	是	7	14％
	否	43	86％
婚姻状况	未婚	22	44％
	已婚	28	56％
	其他	0	0
生育子女状况	无子女	27	52％
	一名子女	15	30％
	两名子女及以上	8	16％

表 3-4 深度访谈样本（辅导员）基本情况

编号	性别	年龄	民族	最高学历	职称	从事辅导员工作的时间	是否有转岗或不再从事辅导员工作的意愿	所学专业类别	自己专业与所带学生专业是否对口	婚姻状况	生育子女状况
1-1	男	26岁以下	维吾尔族	硕士以下	讲师或助理研究员及以下	2年以下	否	文科	否	未婚	无子女
1-2	男	26~30岁	汉族	硕士	讲师或助理研究员及以下	2~5年	是	工科	否	已婚	一名子女
1-3	男	26~30岁	汉族	硕士	讲师或助理研究员及以下	2~5年	否	理科	否	已婚	无子女
1-4	男	31~40岁	汉族	硕士	讲师或助理研究员及以下	6~10年	是	工科	否	已婚	一名子女
1-5	男	31~40岁	汉族	硕士	副教授或副研究员	10年以上	否	文科	否	已婚	两名子女及以上
1-6	男	26~30岁	汉族	硕士	讲师或助理研究员及以下	2~5年	是	理科	是	未婚	无子女
1-7	男	26~30岁	汉族	硕士	讲师或助理研究员及以下	6~10年	否	工科	否	已婚	一名子女
1-8	男	26~30岁	维吾尔族	硕士	讲师或助理研究员及以下	6~10年	否	文科	否	已婚	无子女
1-9	女	40岁以上	汉族	博士	副教授或副研究员	10年以上	否	文科	否	已婚	两名子女及以上
1-10	女	31~40岁	汉族	硕士	讲师或助理研究员及以下	6~10年	是	文科	否	未婚	无子女
1-11	女	31~40岁	汉族	硕士	讲师或助理研究员及以下	6~10年	否	工科	否	已婚	一名子女
1-12	女	26~30岁	汉族	硕士	讲师或助理研究员及以下	2~5年	是	文科	否	未婚	无子女
1-13	女	26~30岁	汉族	硕士	讲师或助理研究员及以下	6~10年	否	文科	否	已婚	一名子女
1-14	女	31~40岁	汉族	硕士	讲师或助理研究员及以下	6~10年	否	理科	否	已婚	两名子女及以上
1-15	女	26~30岁	汉族	硕士	讲师或助理研究员及以下	6~10年	否	工科	否	未婚	无子女
1-16	女	26~30岁	汉族	硕士	讲师或助理研究员及以下	2~5年	是	理科	是	已婚	一名子女
1-17	女	26~30岁	汉族	硕士	讲师或助理研究员及以下	6~10年	否	文科	否	未婚	无子女

（续）

编号	性别	年龄	民族	最高学历	职称	从事辅导员工作的时间	是否有转岗或不再从事辅导员工作的意愿	所学专业类别	自己专业与所带学生专业是否对口	婚姻状况	生育子女状况
1-18	女	26~30岁	汉族	硕士	讲师或助理研究员及以下	6~10年	否	工科	否	已婚	无子女
1-19	女	26~30岁	汉族	硕士	讲师或助理研究员及以下	6~10年	否	工科	否	已婚	一名子女
1-20	女	31~40岁	汉族	硕士	讲师或助理研究员及以下	6~10年	否	理科	否	已婚	两名子女及以上
2-1	男	26岁以下	满族	硕士以下	无	2年以下	否	工科	否	未婚	无子女
2-2	男	26~30岁	汉族	硕士以下	无	2~5年	否	工科	否	已婚	无子女
2-3	男	26岁以下	汉族	硕士以下	无	2~5年	是	理科	是	未婚	无子女
2-4	女	26岁以下	汉族	硕士以下	无	2~5年	否	工科	否	未婚	无子女
2-5	女	26岁以下	汉族	硕士以下	无	2年以下	是	工科	否	未婚	无子女
2-6	女	26岁以下	汉族	硕士以下	无	2年以下	否	理科	否	已婚	无子女
2-7	女	26岁以下	汉族	硕士以下	无	2~5年	是	文科	是	未婚	无子女
2-8	女	26岁以下	汉族	硕士以下	无	2~5年	是	工科	否	未婚	无子女
2-9	女	26岁以下	汉族	硕士以下	无	2~5年	否	理科	否	未婚	无子女
2-10	女	26岁以下	汉族	硕士以下	无	2年以下	否	文科	否	未婚	无子女
2-11	女	26岁以下	汉族	硕士以下	无	2~5年	否	文科	否	未婚	无子女
2-12	女	26~30岁	汉族	硕士	无	6~10年	否	文科	否	已婚	一名子女

注：样本在进行分类整理后，按照专职辅导员与兼职辅导员分别进行编号，如1-1指专职辅导员的1号样本，2-2指兼职辅导员2号样本。本书在后期处理及使用样本数据的过程中会对其个人信息保密，所以后面出现相关描述时用样本F1、样本F2等来表示。

二、辅导员与学生关系的类型

在对调查数据进行分析后可知，辅导员与学生的关系均可以归纳到"亲如一家型、知心朋友型、德高望重型、夏日可畏型"这 4 个类型中。但是通过样本的选择和描述也能发现，现实中的辅导员与学生的关系并不是仅表现出某一个类型的特征，往往是以某种类型为主、其他类型的特点也略有显现，甚至在不同的情境之下体现出不同的特点。在总结其类型时无法完全做到泾渭分明，因此以其所表现出的最主要的类型为依据进行分类。同时，这 4 个类型只是基于本次调研数据而总结出来的，并不是对所有辅导员与学生关系的概括，现实中必然会有其他类型的关系存在。

（一）亲如一家型

出门在外的人，最思念的无非是故乡。我国高校的学生大多是孤身一人异地求学，在当地并没有多少亲友，成功的时候没有家人现场见证，郁闷的时候没有家人陪伴消解，悲喜苦乐常常只能自己消化。苦也好，乐也罢，很多学生都需要及时地与他人分享这些情绪。这个"他人"要能够设身处地地理解自己内心的感受，和自己共情；这个"他人"要情真意切，在成功的时候真诚祝福，在失败的时候真心抚慰；这个"他人"要时常相伴左右，遇到困难时可以向其求助，在"他人"遇到问题时自己也愿意伸出援手。如同亲人的辅导员大抵如此，很多辅导员就是学生快乐时的分享者、难过时的贴心人，是自己在陌生城市中值得信任的人。因此，很多辅导员对于学生来说如同亲人一般，辅导员与学生之间的关系亲如一家。

何为亲人？通常亲人指亲属、配偶或亲戚，也可以用来比喻关系亲密、感情深厚的人。重视血缘和亲情关系是中华民族的文化传统，"血浓于水"的理念早已深入中国人的心中，突出表现之一就是中国人强烈的家庭观，这与西方国家有着很大的不同。家人、家庭对每个中国人的重要性不言而喻。在中国走向现代化的过程里，从农业社会过渡到工业社会，以城市化、工业化发展为代表的工业文明冲击着在中国扎根已久的农耕文明，我国的家庭形式和结构发生了一些变化，但是国人对家庭核心观念的认同基本没有受到过多影响。将这种亲缘关系转移到高校辅导员与学生的关系上，辅导员想胜任学生家中亲人的角色，要和蔼可亲，减少与学生的距离感，赢得学生的信任。

亲如一家型关系在我国的师生关系中其实并不罕见。我国基础教育阶段就有很多学校提供寄宿服务，有些学校还是全封闭式的寄宿学校。对于寄宿的学生来说，他们与教师相处的时间比和家人相处的时间更长，一些学生的父母可能因工作等原因甚至不能经常与孩子见面。因此，教师们就对学生产生了更多的影响。在遇到学习、生活等问题时，他们可以通过和教师面对面沟通解决，偶然身体不适时也多由教师陪伴，教师在他们的生活中占有一席之地。同理，高校辅导员亦是如此，他们陪学生度过了在校学习和生活的时光，和学生接触的机会也比学生远在家乡的亲人要多。"有效的陪伴是给孩子最好的教育"，这句话本是用于家庭教育之中的；对于辅导员来说，如亲人般有效陪伴学生成长也能对学生产生良好的教育作用。但应该注意，亲如一家并不是真的一家，辅导员与学生的相处要注意边界感与分寸感，不能过分干预学生生活。

（二）知心朋友型

常言道："在家靠父母，出门靠朋友。"对于很多学生来说，上大学是他们第一次离开父母、独立生活，没有父母在身边照顾，只能学着自己照顾自己，与周围的同学、朋友相互照顾。有些时候，朋友是学生生活里不可替代的角色，很多心事他们不愿意与父母分享，但是对朋友却能无话不谈。对于辅导员来说，成为大学生的"知心朋友"既是文件中对辅导员队伍建设的要求，又是其开展思想政治教育工作的一条捷径。

辅导员若是高高在上，在与学生的相处中缺乏亲切感，那么学生自然不愿意与之亲近。辅导员便很难走入学生的内心世界，无法了解学生真实的思想动态；其思想政治教育工作往往是隔靴搔痒，无法真正解决问题。但倘若与学生成为知心朋友，辅导员放下身段和学生"掏心窝"，学生也容易被其打动，进而能够接纳辅导员，对辅导员敞开心扉，将自己学习和生活中的现状、问题、思考等如实地反映给辅导员，辅导员据此对症下药，让思想政治教育活动发挥作用，产生实效。通常，我国大学生进入大学时的年龄在 18 周岁左右，此时心智发育还未十分成熟，不论是生活技能还是为人处世的本领都仍在学习和提升之中，世界观、人生观、价值观还在养成，对于包罗万象的社会生活充满着好奇，对于一些危险诱惑缺乏分辨能力。此时，如果有一个有经验的朋友能倾听其心声，用其愿意接受的方式为其答疑解惑、指引方向，而不是批评指责、说服教育，这将对学生的成长产生积极的影响。很多时候，教师交代的事情学生不一定愿意做，可是朋友的劝解则能让学生欣然接受。处理好和学生的关系能使工作事半功倍。曲建武老师就记录过一位校长举的例子："辅导员非常有用。学生欠学校上千万元的学费，辅导员下去一收，就剩几十万了。"

对于大学生来说，他们会在大学阶段经历很多的人生第一次。以恋爱交友为例，他们可能第一次对异性产生好感，可能第一次谈恋爱，可能第一次失恋，很多研究生还会在求学期间谈婚论嫁，由此便需要引导其树立正确的恋爱观、婚姻观，同时还需要开展好性知识教育，为大学生的身心健康保驾护航。然而，受到文化传统的影响，中国父母的爱往往含蓄内敛，即便父母关心孩子这方面的情况，这些话题在中国的家庭中常常是避而不谈，基础教育阶段也较少涉及有关内容，因此大学阶段便要及时上好这一课。相对于日常的课程对大学生开展有关教育，辅导员更重要的是服务个体。很多学生在遇到情感问题时，并不愿意和父母亲人沟通，反而喜欢与自己的朋友倾诉，但同龄朋友也缺乏相关经验；此时辅导员这个"大朋友"便能发挥作用，为学生出谋划策，排忧解难。但需要注意的是，辅导员与学生也不能过于亲密，否则可能失去威信，反而不宜开展一些任务型工作。

（三）德高望重型

教师是人类灵魂的工程师。习近平总书记在看望参加全国政协十三届四次会议的教育界委员时强调，要把师德师风建设摆在首要位置，引导广大教师继承发扬老一辈教育工作者"捧着一颗心来，不带半根草去"的精神，以赤诚之心、奉献之心、仁爱之心投身教育事业。我国老一辈教育工作者不计名利、甘当人梯，为党和国家培养出了一大批人才；正是有他们作为楷模，我国才能涌现出一批又一批德高望重的好教师。在辅导员队伍中，同样有无数的德高望重型的辅导员，他们常年坚守在学生工作一线，用心关注学生发展，致力于陪伴学生成长，甚至已经对学生的一生产生了影响。这些辅导员德高望重、深孚众望，凭借其言行举止和人格魅力就足以"收服"学生。他们说的话，学生们愿意听；他们做的事，学生不仅真心敬佩且愿意追随。

著名的教育家陶行知先生曾说过，"学高为师，德高为范"。辅导员不仅要拥有一定的学识和从事思想政治教育工作的技能，还需要具备高尚的品德。一个人的道德修养不是一时形成的，而是一个不断提升、循序渐进的过程。所以，德高望重的辅导员通常有着丰富的工作经验，处理问题时不偏不倚、考虑周全，令众人信服。然而，在我国高校中，这一类的辅导员数量相对较少。一方面是因为辅导员队伍缺乏稳定性。很多学校的辅导员在达到一定工作年限后可以转岗，很多辅导员出于对自身职业的发展考虑，或是因不愿承担繁重的学生工作任务，转岗从事教学或其他行政岗位，不再从事思想政治教育相关工作；加之很多学生兼职辅导员毕业后不再担任这一工作，更加剧了这支队伍的不稳定性。这是很多高校都存在的问题，就导致高校中常年坚持专门从事辅导员工作的人较少，像林韵玲老师、曲建武老师、张金学老师这般对辅导员工作有着深厚感情、对学生工作有着的持久热爱，愿意专心从事这一工作的辅导员变得凤毛麟角。另一方面，辅导员是一支专兼结合的队伍。尽管国家要求专职辅导员要按照1：200的比例配备，但是很多高校并没有配齐，只能依靠兼职辅导员完成日常的学生工作。抛开专任教师兼职辅导员队伍不谈，学生辅导员队伍则是一支极为年轻的辅导员队伍，对待工作有热情但经验有限，很难达到德高望重的标准。同时，由于大学生是青年群体，很多高校的辅导员队伍便保持了年轻化的特点，让年轻教师从事青年学生的思想政治教育工作，减少辅导员与学生之间的代沟；年纪偏大的辅导员则会"退居二线"，从事一些事务性工作。这种做法虽能产生一定的积极影响，但是不利于培养出德高望重的辅导员。

从完成思想政治教育工作的效率和效果角度看，德高望重型辅导员是 4 类辅导员中最有优势的一个类型，除了在日常生活中可能与学生有代沟之外几乎没有其他缺点。这一类型的辅导员不仅能和学生保持一种良性的师生关系，还可以为其他辅导员树立榜样，激励更多人从事辅导员工作，鼓励辅导员坚守学生工作岗位，指导、帮助其他辅导员开展工作。

（四）夏日可畏型

在辅导员与学生的关系中，有一种类型叫"夏日可畏"；意思是辅导员为人严厉，让学生敬畏。在我国传统的教育理念中，有句话叫"严师出高徒"；即严格的师傅能培养出手艺高超的徒弟，严厉的教师能教育出成绩优异的学生。这一理念源于古代，流传至今仍影响颇深。中国女排前教练陈忠和对队员严格要求才造就了中国女排重登巅峰，全国劳动模范、全国技术能手获得者赵宗合对徒弟严格要求才培养出能获得"全国五一劳动奖章"的祝强。其实，不仅在中国，国外教育界也信奉"严师出高徒"的道理。例如，福楼拜就曾要求学生莫泊桑认真描写人物的姿态与外貌；欧内斯特·卢瑟福的助手和学生中先后荣获诺贝尔奖的多达 12 人，离不开他的严格培养。尽管"严师出高徒"的说法在当代受到了一些冲击，有观点认为要进行"慈爱教育"，和颜悦色地教育孩子；有观点认为"名师才能出高徒"，严厉并不是最重要的；也有观点认为"严师不一定能出高徒"，还要考虑学生自己的天赋与后天努力；还有观点认为严厉的教师会给学生造成心理压力，在成长中留下阴影。提及"严"字，可以用于形容一个人为人处世严格、严厉、严肃，但也可以联系到威严、尊严等词语；故此，对于"严师"的理解不能仅仅局限于严格、严厉的教师，也可以是教师有威严从而让学生敬畏。

实际上，在一段正常师生关系中，学生的敬畏感是必不可少的；这种敬畏感出于对崇高神圣的教育认同，保有对教育者的尊敬和爱戴。简单说就是"尊师重教"，这也是我国的文化传统。失去敬畏感，学生与教师的关系就会发生异化；倘若学生不再敬畏教师，那就"意味着学生对教育崇高和神圣认同度的降低以及对传统文化继承的削弱"。此外，缺乏敬畏会直接影响到教育教学的成效和学生的成长与发展。具体到辅导员与学生的关系中，夏日可畏型的关系也是一种十分必要的存在。例如，在学生的日常管理工作中，学校会出台很多规定用以规范大学生的行为；一旦有学生触犯，则必须对其加以批评，严重的还要予以处分。此时，夏日可畏型的关系便能产生作用，让学生深刻意识到错误的严重性，在日后约束好自己的行为。如果此时学生不仅不敬畏辅导员，反而还是嘻嘻哈哈、满不在乎的态度，那么很难使之认清自己的问题，达到教育目的。同理，在涉及国家法律、道德修养、学术伦理等原则性问题的教育上，需要学生敬畏教育者，从而坚守住底线。当然，在这种关系中，辅导员个人要把握好尺度，不能让学生因敬畏而过于疏远，要可畏也要可及。

第二节　高校辅导员与学生关系的问题征候与成因

经过调研，可以发现高校辅导员与学生的关系总体向好发展，基本能够保持和谐的关系。辅导员在日常的工作开展中能够关注学生的感受，关心学生在校的学习与生活，因地制宜、因时制宜、因材施教，努力成为学生成长成才的人生导师和健康生活的知心朋友。学生积极配合辅导员的工作，理解辅导员的不易，遇到问题愿意同辅导员倾诉，对于辅导员的建议也愿意虚心接受。但是也必须认识到，高校辅导员与学生的关系中也存在着问题，需要去正视并解决，从而进一步推动高校辅导员与学生关系正向发展。

总结调研数据后发现，高校辅导员与学生的关系上存在问题，可以简单总结为：①辅导员工作繁重，对与学生建立良好关系的重视不足；②关系因人而异，辅导员难以与每个学生建立并维系良好关系；③年轻辅导员与学生的关系过密，缺乏边界感，部分工作难以开展；④大龄辅导员与学生之间存在代沟，难以理解学生的兴趣爱好、思维观念等，不易深入学生，在建立良好的师生关系时困难重重。

一、辅导员对和谐关系构建的重视不足

俗语"上面千条线，下面一根针"常被用来形容辅导员工作，学生工作也随之被比喻为"针线活"。辅导员日常工作千头万绪，涉及学生学习与工作的方方面面；甚至在一些高校，凡是与学生有关的工作，都需要通过辅导员来开展，即便不用辅导员亲自开展，也需要辅导员发挥联络沟通作用。纵使没有一些事务性工作，仅从辅导员自身的9项职责来看，辅导员的工作内容也不是一星半点儿。辅导员与学生良好关系的建立不是一个专项工作，也不必刻意进行；而是可以融入日常的各项工作中，在开展工作的同时与学生建立好关系。然而，由于工作繁重，辅导员往往忙于完成任务，疲于应对各项考核，忽视了要与学生建立良好的关系。加之辅导员队伍专兼结合，兼职辅导员在工作的同时还要完成其作为学生的任务，难免会减少对关系问题的重视程度。

当前社会发展节奏快，各行各业的人都或多或少地承担着一些工作压力。对于辅导员这个群体来说，其工作与校园安全稳定和学生成长发展相关联，重要性不言而喻，工作压力也随之到来。尽管适度加压能促进工作开展，但是当多方面的工作压力叠加时，辅导员们难免会顾此失彼。已有研究也表明，工作

负荷压力会消耗辅导员的工作热情。凡是与学生有关的事情几乎都得辅导员参与，还要奔走在学校的各个部门之间。辅导员甚至自嘲是"万金油"。对于很多辅导员来说能完成各项任务已经很是不易，实在难以分出精力去处理好和学生的关系。以至于很多辅导员都是"结果导向型"，只要把事情做完，把学生的问题解决掉就好，并不十分关心过程中学生的感受。辅导员F10用"两眼一睁，忙到熄灯"形容自己的日常工作。他介绍说："我总是感觉每天都有做不完的事。早上来到办公室就坐在电脑前处理工作，看看学校有没有新的通知，学生的留言有没有一一回复；哪个学生最近参加比赛取得好成绩了得祝贺鼓励一下，哪个学生最近状态不对得聊聊天关心一下；再看看手头的计划、总结等各种材料写完了没有；每周还起码得查一次课、查一次寝室；有时候临时又能接到一些任务，加上还得配合学院其他工作；隔三岔五还有老师来沟通学生的学习情况，分管领导、学院领导、部门领导也会经常找我们了解情况，这也占用了一部分时间。每天下班的时候就觉得今天好忙呀，但是忙啥了呢？我自己也说不明白。"在这种繁忙的情况下，辅导员忽略与学生建立良好关系也是情理之中。辅导员F25也谈到了工作压力的问题，她还打趣说："自从做了辅导员，除了经常和学生在一起，心态上还保持了青春永驻，其他各方面都变老了。"她承认，这份工作带给她成就感和成长，但是辅导员工作并不像大家想象的那般光鲜亮丽，其中的酸甜苦辣只有自己体验过才能明白；平时工作压力很大，工作起来难以顾及每个学生的情绪，顾此失彼已经成为常态。刚参加工作的时候，她确实希望和每个学生都保持较好的关系，但是近10年的工作经历让她明白这并不可能；而且她觉得自己进入了职业倦怠期，正考虑转岗从事其他工作。所以，现在她不再重视和学生的关系问题，只想把必须做的任务完成好。F10、F25两位辅导员的访谈内容在一定程度上反映出了辅导员的工作状态和专职辅导员的职业发展问题。

在兼职辅导员队伍里，普遍存在不重视辅导员与学生关系的现象。辅导员F30是一名兼职辅导员，她表示辅导员在工作中并不一定要与学生构建良好关系："我选择做兼职辅导员，除了因为喜欢这个工作以外，更主要的是想提高自己的工作能力，这是很难得的锻炼机会。但对我来说，这就是一份工作，既然是工作那就完成好工作任务就可以了。工作就是工作，我觉得和学生搞好关系是个人选择，或者说是社交吧，不能算是工作。所以，我觉得没必要特意去维护一种什么样的关系。而且我以后也不打算从事辅导员工作，还没有认真考虑过这个问题。"然而，如前文所述，建立和谐的辅导员与学生关系是落实立德树人根本任务的内在要求，也是改进思想政治教育工作的必要之举，所以并不能认为辅导员工作和与学生构建良好关系是独立的两件事。辅导员F32则表示："我当时选择做兼职辅导员的理由很现实，就是为了钱，我觉得这和我出去做兼职没什么区别；做了一段时间之后，我发现自己还挺喜欢这个工作。明年毕业的时候也会考虑去高校当辅导员。但是现在我是工科专业的研究生，平时科研压力还是挺大的，工作要做好但是也不能放松学习，所以暂时没时间考虑那么多啦。如果毕业后还从事辅导员工作的话，那我应该会重新考虑这个问题。"兼职辅导员本质上仍是学生，所以对工作的专注程度不如专职辅导员，工作时间和工作成果上可能会打折扣。当学业和工作发生冲突时，他们往往会以学业为重。

总而言之，专职辅导员具备教师与干部的双重身份，兼职辅导员作为在校学生要学习、工作"双肩挑"，两个群体均不同程度地承受着诸多压力。两者均对与学生建立和谐关系缺乏重视，但是两者背后的原因却有所不同。对于专职辅导员来说，他们比兼职辅导员肩负了更多任务，很多辅导员还承担着教学任务。在纷至沓来的工作任务下，他们要竭尽所能地完成各项工作任务，工作压力大，长时间从事一项工作后还容易产生职业倦怠，难免顾此失彼，忽视了与学生构建关系的问题。对于兼职辅导员来说，对这一职业的认知和规划不足，加之学业才是其求学期间的首要任务；因此，在工作上花费的时间与精力相对较少，尤其是对之后没有打算继续做辅导员的学生来说，无暇顾及辅导员与学生的关系问题。

二、辅导员无法兼顾与每个学生的关系

理论研究中的师生关系（包括辅导员与学生关系）可以提纲挈领，进行规律性的总结，研究成果可以指导实践；但是工作实践中的师生关系并不是与理论百分白契合的，因人而异，需要具体情况具体分析。因此，就不难理解为什么目前有很多理论指导如何构建和维系师生的良好关系，但是有关师生关系危机的案例还会频频出现。这并不是在否定理论的意义，而是强调在实践中结合实际的重要性。在实际中，每个人对一段关系的理解和感受都不同，所谓"此之蜜糖，彼之砒霜"就是这个道理。在双方信息不对称、沟通不充分的情况下，辅导员认为自己与学生的关系融洽，但是学生或许并不这样认为；加之学生群体数量庞大，辅导员很难在与每个学生的关系中都尽善尽美。

在问卷调查中，询问了辅导员"你平时和学生相处的机会多吗"，同时询问了学生"你平时和辅导员相处的机会多吗"。数据显示，86％的辅导员认为自己与学生相处的机会很多，而学生们的答案却有着很大差异。其中，有54名学生认为自己平时和辅导员相处的机会"较少"或"非常少"，有25名学生认为"一般"，剩余的71名学生认为"较多"或"非常多"。出现这种差异并不是因为辅导员或学生的答案不真实，而是因为辅导员有很多学生，是一对多的关系，辅导员虽然经常接触学生，但是可能只接触了一部分学生而没有兼顾

到每个学生；而对于学生来说，自己只有一个辅导员，是一对一的关系。在访谈中，辅导员 F6 反映自己一个人要负责一个年级，这个年级有近 600 名学生。除去寒暑假、节假日、周末等非工作日，假设理想状态下每天都能分别和两名学生面对面谈话，也起码要一年才能和年级里所有学生谈完。同时，网络为沟通提供了很多便利，一些沟通在线上就能完成，不一定要面对面才能解决问题；所以她线下接触最多的就是学生骨干和问题学生，和很多学生都只是一面或几面之缘，只有在查课、查寝和一些集体活动中才会见到。这种情况下，辅导员确实经常与学生接触，但是必然有一部分学生和辅导员相处的机会并不多。辅导员 F23 是这样考虑的："我带的是工科的学生。他们平时都很忙，除了要按照课表上课之外，课下还要抽时间做实验；没有实验数据，他们的课程作业、考试等都没法完成。所以，很难和每个学生都经常接触。接触最多的应该还是学生骨干，有时候会喊他们来开个会，布置一些任务，了解一下学生们最近的情况。至于其他大部分学生，就算是我有时间来约他们谈谈心，他们也没时间过来，我只能尽量利用查寝的机会多和他们接触。有时候去查课也能利用课间和他们聊几句，要是有什么问题大多能及时解决。"

辅导员版问卷中有一道题目是"你认为你与学生的关系如何？"，同样在学生版问卷中有一道题目是"你认为你与辅导员的关系如何？"。辅导员和学生在这两个问题上的答案也呈现出上述差异，超过 80％的辅导员认为自己和学生的关系"较为融洽"或"非常融洽"，但是认为自己和辅导员的关系是"较为融洽"或"非常融洽"的学生却不足 60％，这便是双方对一段关系的理解和感受不同的体现。在之后的深度访谈中，辅导员列举多是正面案例，即使有关系不好的情况，也在后续的沟通和相处中有所改进；而有近 30％的学生反映自己和辅导员的关系不佳。例如，他们认为大学生活应该是自由的，所以不希望被辅导员管束；又如，他们认为大学里应该注重工作能力的提升而不是关注分数的高低，所以不希望因为学业问题被辅导员批评；再如，他们认为大学生已经是成年人，所以不能理解为什么辅导员要与家长进行沟通。学生诸如此类的理由很多，基本上是因为与辅导员的观念不同，认为自己与辅导员之间的关系并不好。谈及自己与辅导员的关系，学生 S4 说："以前老师们总说上了大学就自由了，所以上大学之前我总觉得大学很轻松，可以不受父母和老师的约束了。可是来到大学才知道，原来大学也要考试，考不及格的后果也很严重，我也渐渐地又重新重视学习了。可是我都是成年人了，为什么还要把成绩单拿给家长签字呢？就因为我没有签字，辅导员竟然给我家长打电话！我真的很不理解，辅导员还说这是对我负责的表现，但是我更想要自己的自由空间。"学生 S39 也有一些不满，他表示："说来也挺搞笑的，我都已经是做家长的人了，辅导员竟然还要统计我家长的联系方式，说是如果有紧急情况需要联系他们；

包括在疫情防控期间，每次放寒暑假都要统计，理由是联系不到我就可以找家长。我说句实话，我父母都 60 多岁了，真的没必要因为我在学校有什么问题而打扰他们。但是辅导员那边就是要统计，没办法，我只能把我爱人的联系方式写上去了。我真的希望不管是辅导员还是学校，在开展工作的时候能不能考虑一下我们学生的实际情况，不要这么一刀切。"辅导员 F17 虽然认为自己和学生的关系还不错，但是她也说出了困扰她很久的问题："我们出于为学生考虑而进行了一些工作，但是学生并不理解我们的工作，我们该怎么办？"她这样举例："自从做了辅导员，我最怕接到陌生电话。我真的很怕那边跟我说学生出了什么问题，赶紧来一下。所以，我极度重视学生的安全问题。如果学生要去外地或者晚上不回宿舍，我都会和他们的家长确认下是否知道这个情况。因为之前确实有学生和家长说在学校上课，但是辅导员查课、查寝都找不到人，后来发现他直接住在网吧了，幸亏没出安全问题。可一些学生就把我这好心当成了驴肝肺，十分抗拒我和家长联系，真让人头疼。这个问题上我真不知道怎么办才好。"实际上，这是一个困扰很多辅导员的问题，F17 并不是个例，值得在今后的思想政治教育工作中进一步探索。

综上所述，辅导员与学生对双方关系的理解可能存在差异，一方认为双方关系良好，但另一方可能并不认同。辅导员在处理与学生的关系问题时都会注意构建良好的关系，但是由于所带学生数量大、学生日常学业繁忙等原因，辅导员无法兼顾到与每个学生的关系，无法与每个学生都构建出和谐的关系。从学生的角度来看，当前的一些思想政治教育方式与其预期不符，学校统一的管理模式无法满足其个性化需求；因此，他们无法理解辅导员的一些工作，认为自己和辅导员的关系不佳。学生不理解辅导员的工作也会给双方带来矛盾，需要进一步探索和改进工作方式，加强沟通，使学生逐渐理解。

三、辅导员与学生关系过密限制工作开展

辅导员要做大学生的知心朋友。惯常概念中的"知心朋友"可以亲密无间、无话不谈，但是辅导员和学生在思想政治教育场景中则不能不受限制、没有边界。倘若这类"朋友"之间的关系过于亲密，那么很多工作都会收效甚微甚至不易开展。所以辅导员即便是做了大学生的知心朋友，也不能忘记自己的职责与使命，必须摆正自己的身份，认清自身的角色定位，不能让"朋友"的身份限制了思想政治教育工作的开展。在调研中发现，当辅导员和学生的关系过于亲密时，学生对辅导员的敬畏感会减少，对于辅导员告知的一些要求和规则，他们不一定会认真遵守，这种情况在年轻的辅导员群体中更为普遍。如何利用好"朋友"身份，使其帮助辅导员推动思想政治教育而不是限制工作开展？这是一个必须思考的问题。

辅导员队伍年轻化已成为很多学校的趋势，兼职辅导员群体更是为这支队伍补充了新鲜血液。年轻的辅导员带领年轻的学生，更能充分彰显大学校园的青春与活力。年轻辅导员年龄小，思维活跃，对新鲜事物依旧保持了好奇心，许多兴趣爱好也和学生们不谋而合，因此很容易和学生找到共同话题、建立友谊。在顺利破冰之后，辅导员可以凭借这份友谊深入到学生内部，了解学生的所思所想，从而有针对性地开展工作。但是如果不能把握好友谊的尺度，辅导员也可能失去在学生中该有的威严，只做得了知心朋友却做不成人生导师，这也是不合适的。在调查中，可以发现学生对年轻辅导员（不超过30岁）的评价要好于其他辅导员（30岁以上），其理由不外乎是年轻辅导员能理解他们的想法、双方在交流时有共同话题、成长中经历的时代背景相似、和其相处时更有平等感等。此外，年轻辅导员不仅是学生的倾听者，他们也会向学生吐露自己的心声，在工作中遇到问题时也会询问学生的意见；学生不再是只能向辅导员寻求帮助，有时候也能帮助辅导员解决问题。这与教学中的"翻转课堂"有异曲同工之妙，在一定程度上赋予了学生自主性，让学生获得了成就感。

在访谈中，学生S36表示，他们的辅导员是一名在读研究生，比他们大不了几岁。因为都喜欢运动，所以经常一起打球、跑步等。两人也在相处中成了无话不谈的好朋友。由于辅导员有时也会向他倾诉工作中的一些问题，所以他对辅导员工作有了更为全面的认识，也更能理解辅导员的一些苦衷。他通常都会配合辅导员的工作。他说："如果不考虑辅导员和学生的身份，那他就是我的朋友，我帮朋友的忙也是理所应当的，怎么能不配合呢？"S36对辅导员来说算是一名比较理想的朋友了，学生充分理解辅导员的工作，有分寸感，知道在相处中如何进退。但是，有些学生就没有如此善解人意、进退有度了。他们对朋友关系的理解有些狭隘，不太能"拎得清"。学生S22就这样说："我觉得平时我和辅导员关系也挺好的呀。如果她加班来不及吃饭，我还会经常帮她带饭之类的。可是她做的一件事让我有些失望。前段时间我们年级评优，我和另一位同学的成绩和表现都差不多，同学们的支持率也相近，最后就由辅导员决定到底评给谁。我本以为，我和辅导员关系那么好，那肯定花落我家，结果另一个同学被评上了。我真的好难过，就算辅导员事后找我谈话了，我也理解了辅导员的选择，但心里还是不高兴。如果是我，我就会更偏袒我的朋友。"在这一案例中，辅导员的评优程序可能存在问题，没有及时给出该生的获评理由，但这不是本书讨论的重点。从学生的表述看，她的关注点在于，"我"和辅导员的关系好，那么辅导员为什么不评给"我"。这名学生的介绍实际上反映出一个问题，即不同学生和辅导员的关系亲疏有别，那么辅导员怎么样才能不受关系的影响，保证公平的同时，尽量让学生满意？

这个问题不仅困扰学生，有时候辅导员也很为难。F26是一位年轻的辅导员，从事这一工作的时间不长，如何在师生关系中张弛有度是她一直在思考的问题。她结合自己的经历，表达了自己的思考："我大一刚入学的时候遇到了一位特别严厉的辅导员，我们真的是闻风丧胆！虽然我能够理解我们学院男生多，不严格一点不好管理；这位辅导员工作能力也很强，水平很高；但是我本人还是更喜欢温和的老师。因为那个辅导员给我留下的第一印象太严厉了，所以后来我有问题都不敢问她。现在我自己当了辅导员，我一开始就告诉自己要做一个平易近人的辅导员，和同学们打成一片。现在基本做到了，我和大部分学生的关系都很好。但是有时候我发现他们不怕我也不一定是件好事，有些工作根本开展不下去。所以我现在也很纠结，到底怎么办才好呢？"到底是做学生的亲密朋友，和他们打成一片；还是做一个严师，让学生望而生畏？在这个问题上，F1 作为一名带过多届学生的"老"辅导员是这样介绍自己的经验的："辅导员和学生相处要保持适当的距离，不能太近也不能太远，这个距离没有一个标准答案，是根据学生的特点决定的。有的学生性格外向，喜欢行侠仗义，讲究朋友义气，是个性情中人；这就要注意不能太亲近，因为他们常常把情感当作为人处世的尺度。而有的学生性格内向甚至孤僻，平时社交不多，有了问题也喜欢独自解决；这时候辅导员不妨主动一点，和这位学生多多接近，帮助学生打开心门，赢得他的信任，他信了你自然愿意接受你传授给他的思想、道理。"除此之外，辅导员自身得立好"人设"，形成自己不能被轻易破坏的工作原则，让学生能亲近也能敬畏、敬佩。从情感上讲，辅导员难免会喜欢或讨厌某个学生，这是难以改变的人之常情；但是从工作角度看，不管辅导员对一个学生的态度如何，他都应该公平公正地对待，认真履行自己的工作职责，不被情绪左右。换言之，辅导员在工作中怎么才能不被关系捆绑、不受情绪干扰？必须回答好这个问题，才能发挥好"朋友"的作用。

辅导员应该是大学生成长路上的良师益友。这意味着辅导员不仅是大学生的教师，还可以是他们的朋友。辅导员和学生在成为朋友的时候应该把握好关系的尺度，这样以朋友身份出现的辅导员才更容易开展工作。这个尺度不是放之四海而皆准的，需要根据学生的情况、工作的场景、工作的内容等具体情况来设置。

四、辅导员与学生代沟阻碍双方关系构建

代沟是由于时代和环境条件急剧变化、基本社会化的进程发生中断或模式发生转型而导致的，不同代之间在价值观念、行为取向等的选择上所出现的差异、隔阂及冲突的社会现象。这种现象普遍存在于现代社会中，且年龄差距越大、文化程度相距越远，代沟现象就越明显。代沟现象在师生关系中也经常出现，尤其在社会的极速变化之下，代沟的现象愈发繁多；年龄差距也在缩小，

甚至"80后"的辅导员和"90后"的学生有代沟，"90后"的辅导员也没办法理解"95后""00后"的学生。如今网络社会已经成为人际交往的生活空间和社会环境，这一环境中知识的获取渠道发生了改变。网络中海量的信息和快捷的信息获取方式消解了教师原有的知识权威、资源优势和话语霸权，教师已不再是学生信奉的唯一文化领导者。这些都深刻冲击着现实中的师生关系，双方在语言表达、师生关系、网络表达与现实表达的区别等方面理解上都产生了差异。受到代沟的影响，辅导员与学生之间很容易误会彼此，双方难以构建出一种和谐的关系。总的来看，辅导员与学生之间的年龄差越大，代沟就越深；因此，一些"高龄"辅导员虽然有着丰富的工作经验，却反而容易受到代沟的影响。

在调研中可以发现，30岁以上的辅导员或多或少都面临着代沟问题，代沟的存在使他们陷入了一种窘境。从年龄差上看，他们相差在20岁以内，并不能算作是两代人。他们没有学生父母那般年龄大，未育有子女或子女年纪尚小，对于大学生成长中可能出现的问题缺乏相关经历，常常不知该如何对症下药，无法像长辈一般对学生予以教育引导。在这种窘境下，辅导员们往往只能为学生解决一些流程化、制度化的问题，如申请助学金、完善学籍信息、修改求职简历等；对于涉及兴趣爱好、思想观念等主观意识上的问题，有经验的辅导员有时也会感到难以下手。辅导员F11是一位"80后"，工作成绩在学校有口皆碑，她的两个孩子都在上小学，还是一位"90后"辅导员的工作师父。她的工作徒弟曾向她倒过一番苦水："我和学生就差了三四岁，有时候真想不通他们是怎么想的。怎么就有代沟了呢？师父，遇到这种情况该咋办呢？"由于自身年龄和学生差得更大，自己孩子的兴趣爱好、思维观念也和学生们不一样，这个问题其实也困扰着F11。她说："代沟这个事情在所难免，我倒不是因为代沟出现了才头疼。我平时和父母一起生活，有时候也能感觉到代沟的存在，一家人有啥不理解的说开了就行；就算我和父母都不接受对方的想法，也不会有什么太大的影响，大家过好自己的生活就行。可是学生不一样，我们本身就相互不了解，平时沟通的机会又不多，我很难理解他们的一些想法；而且很多情况下不能像在家里那样把这份不解抛在一边，毕竟还有很多工作需要在学生理解的基础上开展。真的挺让我头疼的。我自己都没把这个问题处理好，更别说指导徒弟了。"可见，F11可以客观看待代沟的问题，但是对于怎么消除代沟的影响，目前还没有什么好的办法。

有类似烦恼的辅导员还不在少数，辅导员F4是一名"95后"，硕士研究生毕业后选择了"辅导员"这个职业，参加工作时间不长，和学生们的年龄差在1~4岁。他也说出了自己的烦心事："我其实是把学生当作弟弟妹妹来看的，因为我们年龄差得不大，所以我觉得我们相处起来会很容易。我可以说是信心满满地踏上工作岗位的。可没承想，第一学期刚结束我就被现实狠狠打脸了！学生的考试成绩很不理想，年级的不及格率在全校同类学院中竟然是最高的，这是我没预料到的。于是，我和很多学生进行了一对一的谈话。我发现他们普遍对学习缺乏重视，即使考试不及格也没给他们带来危机感。虽然我的老师也说过'大学很轻松，不用学习'这种类似的话，但是我记得我刚上大学的时候，整个班级每天都主动一起上晚自习，没有人放松对学习的要求，最后考试的成绩基本没有太差的。怎么现在的学生就不重视学习了呢？我难以理解，也不知道怎么做好学业指导工作，重点就是怎么才能让他们重视学习！"当前大学生对学习的重视度下降与社会环境和成长环境有一定关系，社会开放程度提高，民众的心态更加包容，教育改革进一步深化，"唯成绩论"正在退出历史舞台，自主择业、自由职业越来越受到年轻毕业生的欢迎。因此，大学生们忽略了学习的作用，只注重追求自己感兴趣或擅长的事物，导致其在校时对学业缺乏重视。当然，辅导员仍旧需要引导大学生重视学业问题，避免被一些错误观念误导，以防在新观念的理解上走极端。

尽管新老辅导员都有代沟的困扰，但是从学生反馈的情况来看，他们认为年龄差带来的观念差异才是导致代沟的主要原因。在他们看来，年轻辅导员更容易接近，日常可以做朋友，对于一些新鲜事物，年轻辅导员也愿意同他们一起去尝试；老辅导员们则并非如此，有时老辅导员对新鲜事物缺乏理解，也不愿意支持学生去尝试这些，这让他们很是失望。其中，学生 S51 反映的情况有一定的代表性。S51 是学院学生会文体部的部长，负责组织开展学院的文体活动，学校运动会入场仪式的策划排练也由他负责。他在访谈时说："我觉得我们的辅导员年纪大了，在审美方面和我们有代沟，感觉她不愿接受一些新鲜事物。就拿入场式来说吧，我觉得就是应该展现出青春的感觉。我们想放一些我们大学生喜欢的元素，就设计了让大家穿一些流行款式的衣服，汉服、二次元等元素都包括在里面，我们几个人都很喜欢，兴冲冲地去找辅导员。但是辅导员看完之后，说除了汉服其他都不好看，直接给我否定了，我当时特别难过。"从 S51 的描述中可以看出，由于审美差异，辅导员直接否定了学生的方案，这让学生难以接受。其实，当辅导员与学生的意见存在差异时，如果双方能更为委婉地沟通，或者在了解当前学生群体的喜好、关注点之后再给出意见，而不是直接拒绝否定，那么沟通的效果可能会好一些。辅导员应该给予学生表达的机会，在了解学生的想法后再做决定。学生 S37 则讲述了一个正面案例："我的辅导员是一名在读研究生的学姐，我觉得能遇到一个年纪差不多大的辅导员挺幸运的。我觉得我们之间没什么代沟。我们有共同喜欢的动漫、明星，对很多现象的看法都差不多，周末可以一起出去吃饭、逛街、看电影。对我来说，她不像是我的老师，而是可以无话不谈的好友。我非常信任她，有问题就可以找她，她一定有办法帮我解决。平时我也愿意配合她的工作，还会帮她分担一些工作。"从 S37 的描述看，辅导员与学生之间如果没有代沟，那么双方的沟通就会顺畅，更容易建立起和谐的关系，方便开展工作。

总的来说，在没有代沟的情况下，辅导员与学生之间建立和谐关系的阻力较小，相仿的年纪、相似的成长环境、共同的兴趣爱好等都能拉近辅导员与学生的距离，帮助他们建构好和谐的关系。然而，年龄、经历、成长环境等方面的差异使得师生间很容易产生代沟。如果不能处理好代沟问题，师生之间的矛盾、误会、不解则会加深，不利于辅导员与学生的沟通，彼此间难以建构并维系和谐的关系，思想政治教育工作的开展也将受到阻碍。辅导员可以尝试了解学生的兴趣爱好，把握青年大学生关注的热点问题，找寻能和学生共同讨论的话题，以此为切入点，为思想政治教育增添新的载体，用学生喜闻乐见的方式开展思想政治教育活动，增强工作的时效性，确保工作的实效性。

第四章

高校辅导员与学生关系的案例分析

案例研究法是社会科学研究中被广泛使用的一种研究方法。通过对特定社会单元（个人、团体组织、社区等）中发生的重要事件或行为的背景、过程进行深入挖掘和细致描述，呈现出事物的真实面貌和丰富背景；而后，在此基础上进行分析、解释、判断、评价或者预测，从而便于更多人理解。在上一章中，归纳了高校辅导员与学生关系的 4 种类型：亲如一家型、知心朋友型、德高望重型、夏日可畏型。辅导员与学生关系的类型并不是泾渭分明的，一段关系中可能体现出了多种类型的特点，因此主要以其突出特点来判定类型。

本章主要叙述收集到的一些案例，并在分类整理后进行分析，明确每种类型的利与弊，以期更好地理解高校辅导员与学生的不同关系，从而指导实践中辅导员与学生关系的构建。为了保护个人隐私，案例中出现的学校名称、姓名、称呼等均为化名。

第一节 亲如一家型

两个素不相识的人可以在特殊时间点、个人经历、特殊环境等媒介的助力下，在双方不断地接触、交流的过程中，逐渐地发展出亲密关系。爱情、亲情、友谊都属于亲密关系，亲情是亲密关系中最为基础、最为原始、最为重要的关系。辅导员与学生本是素昧平生，但是辅导员也可以通过在特殊经历上的共情、日常的坦诚相待等和学生建立起亲密关系。甚至，高校辅导员与学生可以形成亲如一家的关系。当双方视彼此为亲人时，隔阂逐渐减少，在沟通时能更交心，辅导员能了解学生更为真实的想法；从而采取更加有针对性的方式开展工作，达到思想政治教育的目的。

案例一：生病时的陪伴，温暖学业后进生的心

（一）案例概述

小张是一名普通的大二男生，高中时就读于其家乡的重点高中。重点高中

内的学习竞争压力过大，小张的成绩一落千丈，高考勉强考入了现在这所学校。进入大学后，小张还是无法接受这种落差，没有努力学习，大一过后有多门功课不及格。同时，小张入学后没担任学生干部，也没有参加学生组织和兴趣社团，平时喜欢独来独往，与同学们的交集不多，也不愿意和辅导员、家人沟通自己的学业问题。

大二时的某个晚上，小张在跑步后突然感觉身体不适，经医生检查后确诊为气胸且肺部已有出血现象，需要马上转院进行手术。由于父母远在千里之外的家乡，无法及时赶到，小张只好联系了辅导员。辅导员在接到电话后随即赶到，征得小张和其父母的同意后为其签好手术通知单等材料，还为他垫付了医药费。手术后醒来，小张发现辅导员仍在病床边陪伴自己，心生感动，对辅导员说："您现在好像我妈妈，我仿佛回到了小时候。"

康复后的小张找到辅导员当面表达谢意时，辅导员不仅表达了对小张健康的关心，而且借此机会再次和小张沟通了学业问题。小张当时就表示："感谢您像妈妈一样照顾我。以前是我不对，我以后一定会好好学习，做个懂事的好学生，不辜负您对我的期望！"

后来，在辅导员、任课教师和同学们的共同帮助下，小张及时弥补了学业上的漏洞，并逐渐开始主动和辅导员沟通自己的问题，性格变得开朗了一些，最终顺利毕业并考研成功。

（二）案例简析

小张进入大学后因各种原因对学习缺乏重视，并拒绝和家人、辅导员讨论相关话题，这是当前高校学业后进生的常态。在小张生病住院时，辅导员的悉心照顾感动了小张，两人关系就此拉近，小张开始愿意与辅导员沟通。辅导员陪伴小张本是履行自己学生日常事务管理的职责，但也拉近双方的距离；而后，把握了小张病愈后道谢的契机，巩固好已有的和谐关系，及时开展学业指导工作，使小张认识到了学业的重要性；从而使小张迷途知返，辅导员也获得了理想的思想政治教育效果。

（三）经验启示

1. 用心关爱学生，把握教育契机建构良好关系　习近平总书记在中国人民大学考察调研时指出，教育是一门"仁而爱人"的事业，有爱才有责任。教师是一份需要爱的职业，没有爱的滋养，教育的目的便不能达到。对于辅导员来说，他们承担着与学生有关的方方面面的工作，与传统的教书先生略有不同。因此，更需要保有爱心，用心呵护、关心学生成长成才。在本案例中，小张同学最初抗拒和辅导员交流，但是这并没有让辅导员心生怨气，放弃对小张的关注。出于对学生的爱和责任，辅导员在小张生病时陪伴守护，用自己的行动感动了小张，和小张建立一种类似于亲情的关系。在小张道谢时，辅导员能够把握这一关键时间点，扮演好"母亲"角色，让小张把感动与感恩化作实际行动来"报答"自己。最终，辅导员和小张以心换心，建构起了良好的关系。

2. 加强沟通了解，尽早、尽量建构良好关系 本案例中，辅导员和学生亲密关系的建构发生于大二学年，但从案例概述中可知，小张此前已经存在性格孤僻、为人冷漠等问题；这些不需要通过考试来发现，通过日常观察、周围同学反馈便能够得知。因此，对于辅导员来说，在刚接手学生时就应该尽快地和学生做好一对一的沟通工作，对于特殊学生还应该和其家长取得联系、了解情况，以便用恰当的方式尽早地和学生建构良好关系。当学生人数较多时则可以先与学生骨干建立和谐关系，通过学生骨干了解其他学生情况，确定需重点关注的学生并尝试与之建构良好的关系。

案例二：一顿年夜饭，融化学生心里的"冰"

（一）案例概述

2010 年，当时临近寒假，大一的学生考完试纷纷离校回家，学生小林却跟辅导员申请留校过年。辅导员询问原因，小林声称因归家旅途遥远，想利用假期在学校学习。辅导员随后给小林的父亲打了电话得知，小林父母在小林上小学时离婚，小林一直跟着爸爸，后来他重新组建了家庭。小林爸爸和小林继母的孩子出生后，小林便逐渐与家人疏远。小林的妈妈也主动打来电话，表示自己离婚后陪伴小林的时间很少，自己现在也组建了新的家庭，想让孩子来自己这里过春节，但是孩子并不乐意来。

得知这一情况后，辅导员再次尝试和小林沟通，建议他回家过春节；但是小林还是不愿意，最终还是留在了学校。除夕当天，想到小林自己在外过春节，辅导员便将他带回自家吃年夜饭，还特意为小林做了两道他喜欢的菜。饭桌上大家聊起以往过年的场景，小林才向辅导员吐露心声。原来，小林在家里本来是大家关注的焦点，继母待他也很好。可是，自从小弟弟出生以后，家里人的关注点都聚焦在小弟弟身上了，对他的关心少了很多。他感到很失望，感觉他们才是一家人，就不愿意在家里待着。小林还说，自从有了弟弟，大家过年的时候都围着弟弟转，做饭、买东西都按照弟弟的喜好来，大家还总说他是哥哥要让着弟弟，这让他觉得很委屈。"本来到您家吃饭我就觉得很不好意思，您还特意做了我喜欢的菜。这种感觉，我已经很多年没体验过了。"小林激动地说道。辅导员的家人听完后纷纷安慰了小林，辅导员的妈妈给小林一个红包："过年嘛，小孩子都应该有压岁钱。"就这样，小林在辅导员家中度过了除夕夜。

节后，小林的父亲打来电话感谢辅导员对小林的照顾，辅导员也把小林的想法转达给他父亲。小林的父亲听后表示会好好反思，以后多关心小林一点。大二寒假，小林特意来告诉辅导员，今年自己准备回家过春节，请辅导员放心。两人还约好吃年夜饭的时候视频通话。除夕当晚，通过视频，两家人相互拜年，小林给辅导员发来消息："从我去您家吃年夜饭的时候开始，我想，我们就是一家人了。新的一年，祝您和叔叔工作顺利，祝爷爷奶奶身体健康，祝妹妹健康成长。"辅导员看完后回复他："新年快乐，有空常回咱家看看！"

直到今天，10 余年过去了，辅导员还与小林保持着联系。小林本科毕业后进入一家公司工作，现在已成为部门主管。作为学院的优秀毕业生，小林每年都会多次回到母校和学弟学妹们分享自己的成长经历，为学院的就业指导工作作出了很多贡献。

（二）案例简析

本案例充分体现了思想政治教育效果的持久性。辅导员 10 余年前善意的举动对学生产生了持久深厚的影响，学生毕业后仍愿意同辅导员保持联系，甚至愿意成为辅导员开展思想政治教育工作的帮手。案例中的小林因家人关心不足而心生失望，与家人逐渐疏远，万家团圆时辅导员的关心为独在异乡的他带来了温暖；至此，他在心里把辅导员当作了自己的家人。学生在毕业后依然和辅导员保持着联系，还愿意和学弟学妹分享自己的经验，帮助辅导员开展一些思想政治教育工作。这种亲如一家的关系拉近了学生和辅导员的距离，让学生主动和辅导员吐露心声，让辅导员能够对症下药，化解了学生心里的委屈和不满，也促进了思想政治教育工作的顺利开展。

（三）经验启示

1. 以家人的方式贴近学生，推动辅导员与学生建构良好关系　在我国的传统习俗中，春节是团圆喜庆的节日，年要在自己家中过，年夜饭要与家人一起吃。案例中的辅导员考虑到学生小林除夕夜没有家人陪伴，于是将其接到家中吃年夜饭，还做了他喜欢的饭菜，辅导员的母亲还给他包了红包。在自己家受到冷落的小林在辅导员的家里又找回了家的感觉，于是在心中把辅导员当成自己的家人。辅导员的"家人"身份拉近了她和小林的距离，小林信任辅导员并说出了心里话，辅导员才能够在小林和小林家人间牵线搭桥，帮其解开心里的疙瘩，一家人重归于好。

2. 辅导员与学生的良好关系可以持续推动思想政治教育工作的开展　辅导员与学生关系的作用并不局限于学生在校时，良好的关系能够长期持续地影响着辅导员与学生；即使学生毕业离校，这份关系依旧可以维系下去，甚至帮助辅导员开展后续的思想政治教育工作。本案例中，在校时辅导员和小林建立了亲如一家的关系，毕业后小林还和辅导员保持着联系，辅导员也跟踪关注着小林毕业后的发展。鉴于小林毕业后的良好表现，辅导员邀请小林给其他学生分享经验，小林也坚持了很多年，为辅导员乃至学院开展职业生涯教育提供了很大帮助。和谐的辅导员与学生关系不仅能在一时推动思想政治教育工作的开展，也可能对思想政治教育工作产生更为长远的影响。

3. 亲如一家的辅导员与学生关系并不是学生家庭亲情关系的替代品　辅导员与学生关系虽亲如一家，但这种关系并不能弥补学生亲情的缺失。辅导员是学生的教师而非家人，并不能取代家人的地位和作用，家庭教育的功能也不能通过教师来发挥。本案例中，小林的描述让辅导员发现了他和家人之间的问题，于是及时和小林的父亲沟通，帮助其家庭化解这些矛盾，一家人重新恢复了以往的亲密关系。与此同时，辅导员作为中间人受到了小林和家人的肯定与感谢，与之形成了一种长期稳定的和谐关系，并在毕业后的小林的帮助下，更加顺利地开展了后续的思想政治教育工作。

第二节　知心朋友型

人很难在世界上完全孤立地生存与生活。除了家庭给予的亲情之外，走入社会的人也需要友谊的支撑。友谊能给人带来幸福感，且不受血缘、地点、社会地位等客观因素的限制，是一种纯粹且朴实的情感。对于大学生来说，友谊关系为其提供了情感表达的途径，使其获得情感表达和情感控制的经验；也能促进一些积极行为，如分享、合作、互相帮助等；还能提供更深入的情感体验，在交流思想、分享情感、互相合作的过程中获得社会发展和社会经验，从而促进个人社会认知能力的发展。友谊在大学生的校园生活中必然占有一席之地。辅导员若成为大学生的知心朋友，既能走近学生，和学生平等相处，了解学生的所思所想；又能为学生答疑解惑，实现思想政治教育目的，让思想政治教育更有温度。

案例一："树洞式"朋友，一位失恋学生的避风港

（一）案例概述

小丽是一名成绩优异、长相姣好、多才多艺的大四女生，已被保送某研究所研究生，和她相恋两年的男朋友小赵则选择在本科毕业后出国留学。大四寒假之后，小丽的室友小琪见其情绪不佳，便询问缘由，但是小丽并没有说什么。由于担心小丽，小琪便和辅导员说明了小丽的现状，辅导员随即找到小丽了解原因。在辅导员关切的追问下，小丽才说出实情。原来，寒假里小赵以即将异地为由向小丽提出分手，小丽多次尝试与小赵沟通，但小赵还是坚持分手；这让小丽痛苦不已，每天以泪洗面。

小丽在辅导员面前声泪俱下地倾诉着，他们是大家眼中的学霸情侣。小丽

一直相信他们会有美好的未来，也对异国恋做好了心理准备；没想到小赵竟然会提出分手，并且如此坚决，这让小丽一时难以接受。小丽还说，她一直是同学们羡慕的对象，不希望家人和同学们知道自己分手了，所以也找不到别人倾诉……辅导员听后当即表示小丽可以向她倾诉，她会帮小丽保守这个秘密。就这样，辅导员成了小丽的"树洞"。从线上到线下、从白天到黑夜，只要小丽说，辅导员一定会回应。在辅导员的开导下，一个多月后，小丽的状态有所好转，逐渐接受了分手的事实，开始认真准备毕业论文，最终顺利毕业。

小丽非常珍惜这位"树洞式"朋友，在毕业离校时由衷地表达了对"好朋友"辅导员的感谢。

（二）案例简析

"树洞"是"倾吐不能说的秘密的地方"的隐喻，是人们减压的缓冲剂、情绪的释放地。暗恋、恋爱、失恋都是大学生群体中常见的现象，辅导员应该引导大学生树立正确的婚恋观，引导失恋的学生尽快走出阴霾。本案例中，小丽并不愿意让周围人知道她失恋的事实，在辅导员的追问下，小丽才说出实情。出于对学生的关心、负责及尊重，辅导员帮小丽保守了秘密，同时成了小丽的"树洞"，接纳小丽的一切倾诉且及时给予回应，引导其接受现实、分清主次矛盾、不要放松学业。这让小丽的消极情绪得到了抒发，同时也及时完成了毕业论文，顺利毕业。小丽由衷地信任与感谢辅导员。

（三）经验启示

1. 平等地与学生做朋友，尊重并保护学生的隐私　在本案例当中，小丽向辅导员表示自己并不希望周围人知道自己分手的事实。辅导员了解了事情的经过后并没有急于履行辅导员的职责，开展常规的心理疏导工作；也没有将这一情况告知周围同学，请他们帮忙关注小丽；而是先答应帮其保守秘密，像朋友般倾听她的心声并及时给予安慰，待其情绪稍微平复后才开始逐渐帮其解开心结，真正成为小丽的"树洞朋友"。当学生情绪激动时，辅导员不一定要急于对其进行开导，可以先如朋友般交流，让学生能够倾吐心声，发泄出负面情绪，随后再逐渐对其进行心理疏导。作为朋友出现的辅导员更应该尊重并保护学生的隐私，赢得学生的信任才能了解学生内心的真实想法。

2. 以朋友的身份介入，辅导员更容易引导大学生树立正确的婚恋观　中国的家长往往避讳与子女谈及情感问题，早恋更是中国大多数家庭中的"过街老鼠"，甚至在大学期间仍有一些学生的家庭不允许他们谈恋爱，所以中国学生多与好友同学谈及情感问题。在教育领域，针对婚恋观的教育也较少，往往是学生遇到情感问题后才对其加以引导，而不是事前教育、防患于未然，师长也是学生谈及此类话题时回避的对象。然而，在校学生的朋友多是同龄人，情感经历较少，不一定能恰当地解决好情感问题。故此，大学生需要一个有经验的、能处理好情感问题的朋友引导他们正确认识婚恋问题，如朋友般的辅导员便是一个恰当人选。因此，知心朋友型的辅导员与学生关系能拉近辅导员和学生的距离，让辅导员洞察学生的内心世界，从而让思想政治教育工作能够深入人心。

案例二：和学生做朋友，让学生敢说实话

（一）案例概述

学生小倩是一名大三的学生，成绩优异，为人性格开朗，做事认真负责，是所在团支部的支部书记。由于开展支部工作的需要，她和辅导员经常接触，久而久之，两个人感到相处得很愉快，于是成了好朋友。某天，辅导员接到了学校安保部门的电话，说小倩参加网上的刷单活动被骗了，目前警方正在努力追回，希望辅导员能安慰她并对其加强教育。

刷单是一种常见的电信诈骗方式，初期的刷单往往能获利，待取得对方的信任后，骗子便会将其一步步引入圈套，从而骗取钱财。这种方式主要利用了大学生想赚钱的心理。依照辅导员对小倩的了解，其父母都有稳定的收入来源，家中虽不是大富大贵，但也是小康家庭，每个月都会给小倩足够的生活费，根本不需要小倩赚钱。于是辅导员找到小倩，询问其原因。

因为平时两人就像朋友一般，小倩跟辅导员说了实话，还请求辅导员不要告诉家长。原来，小倩是个追星族。她很喜欢的一位歌手要开演唱会了，位置好一点的票要 1 000 多元。小倩跟父母要钱买票，但是父母并不支持她追星，没有给她这笔钱。于是，小倩便先用生活费买了一张票，之后就想通过兼职的方式赚点生活费，补上这份亏空。考虑到刷单这份工作相对轻松，随时随地用手机就能完成，小倩便一时糊涂，掉进了骗子的陷阱。

辅导员安慰了小倩，在征得小倩的同意后，将这一情况告知了家长；同时，对其开展了防诈骗教育，对其追星行为也加强了引导。幸运的是，警方帮小倩挽回了损失，小倩也认识到了自己的问题，吸取了教训。

（二）案例简析

追星、电信诈骗都是当前学生教育管理工作中常见的主题，需要辅导员在平时加强对学生的教育引导。因追星产生的负面新闻频频出现，现实中很多学生是背着家长、教师追星的；有些家长即使知道孩子追星，也并不会给予太多支持。在诈骗问题上，很多学生被骗后会觉得丢人，担心被同学们嘲笑，害怕被家长和教师批评，被骗了也不愿发声，甚至不会报警而选择默默承受。在本案例当中，学生小倩因为和辅导员平时如朋友般相处，对辅导员少了一些畏惧，才敢于向辅导员袒露实情。幸运的是警方帮助本案例中的小倩挽回了损

失，没有酿成惨剧。辅导员也及时地对其进行了教育，引导其理性追星，防范诈骗行为。

（三）经验启示

1. 提升亲和力，与学生交朋友，让学生不怕说实话　相信很多人小时候都曾因为考试没考好而不敢和家长说实话，主要是害怕被家长批评。但是，随着我国家庭教育观念的改进，很多家长教育方式发生改变，家长越发亲和平静，孩子们也逐渐敢于说实话。同理，在学校教育中也是如此，和蔼温柔的教师往往更能接近学生，严厉严肃的教师容易让学生望而却步。因此，若辅导员更注意提升亲和力，日常相处中能与学生多亲近，和学生交朋友，学生犯错误时不要急于苛责，能够让学生不怕说实话，那么思想政治教育工作的针对性将进一步提高。

2. 了解学生的思想状况，引导学生理性追星　追星并不是百害无一利，也并非完全非理性的行为。辅导员应该客观看待学生的追星行为，而不是一味否定，可以引导其追正能量、追优秀品质、追能给自身带来提升的精神偶像。明星作为公众人物，其美好的品质可以在青年学生当中树立起榜样作用。在关系国家利益的重大问题上，很多明星带头亮明自身立场，维护了国家的荣誉与尊严；在国家面临灾难考验时，众多明星慷慨解囊，与国家和人民共克时艰；在无偿献血、爱心助学、环境保护等公益行动中，也经常可以看见明星的身影。许多明星身上也散发着美好的品质，可以给青年学生带来良好的影响。当然，值得追的星不止于娱乐明星这一类，追星活动不应该局限于演艺圈。在运动赛场上为国争光的运动健儿，在科研一线攻坚克难的科技工作者等，这些都是值得追的星。追星不应该是不惜借贷也要消费，不应该是为了看偶像一眼而影响学业和生活。

3. 加强学生的防诈骗教育，引导学生提高防范意识　近年来，互联网不断普及，智能手机的出现降低了互联网使用门槛，电信诈骗现象也随之遍地开花，大学生被骗的案例此起彼伏，给很多家庭造成了损失。辅导员日常应该进一步加强对学生的防诈骗教育，提高学生对防诈骗的重视程度，鼓励学生间相互提醒，避免上当受骗。若学生有兼职的意愿，应该帮助学生通过正规渠道，选择合法正规的兼职岗位。很多学生具备了防诈骗知识，但现实中会有"我怎么可能被骗呢"的心态，进而轻视了生活中的诈骗陷阱，在不知不觉中被骗，发现时则为时已晚。另外，在发现被骗后，辅导员要鼓励学生相信警方的执法能力，尽快报警，通过合法正当的途径维护自身权益，敢于同诈骗行为作斗争。

4. 加强学生的消费观教育，引导学生理性消费　由于我国国民生活水平提高，如今很多大学生对消费、物价没有概念，花钱大手大脚、没有规划，一个月的生活费撑不到月底就要跟家里伸手要钱，许多家长对此苦不堪言。一些学生因为月月超支，不得不另辟蹊径，找一个能够赚钱的路子填补生活费的亏空。实际上很多大学生容易一时心血来潮买下自己并不需要的东西，买完之后便束之高阁；加之网络购物十分便利，商家大促频频出现，一些学生便无法抵制诱惑、疯狂消费。尚未参加工作的大学生们未曾体验过赚钱的辛苦，在父母的关照下很少有计划意识；因此，需要辅导员加以引导，让学生能够理性消费，合理规划每月支出，树立正确的金钱观和消费观。

第三节 德高望重型

成语"德高望重"的意思是品德高尚、声望很高，多用来称颂年高而有名望的人。在各行各业、各个领域，德高望重的人总是能够提出建设性建议，成为众人的意见领袖。他们在自己的领域内拥有丰富的经验，在解决重大问题时能够游刃有余、恰到好处；也正因其德高望重，他们才能在各方争执时平息各方争议。例如，我国农村地区有一些德高望重的老人，他们深受村民的爱戴与信任，小到家族问题、大到村落发展，凡是这些长者出现，问题、争议、纠纷通常都能够顺利解决。在教师群体中，同样有一大批德高望重的老教师，他们德才兼备、教育教学成果突出，为其他教师尤其是青年教师树立了榜样。辅导员群体虽整体趋于年轻化，但并不影响这一队伍中涌现出德高望重的辅导员典型，很多有过多年工作经验的、能妥善处理学生问题的辅导员就是这一领域中德高望重的代表。在处理学生问题时，德高望重型的辅导员能让学生更加信服，也能将自己的经验传授给新人辅导员，激励更多辅导员不怕苦、不怕累，使其更加热爱思想政治教育这份工作。

案例一：辅导员真心的鼓励，让退学学生重拾信心

（一）案例概述

小刚本是一所重点大学的大三学生，刚开学就因为学业成绩不过关，被学校清退回家。虽然早就料到会有这一天，但真正来临时，小刚还是难以接受这一现实。临行之际，小刚主动找到辅导员谈心。谈话中，小刚表明自己现在十分后悔，当初因为不喜欢这一专业，就不够努力；后来，错过了转专业的好机会，开始自暴自弃，最终走到了今天这个地步。面对这个结果，小刚非常迷茫，不知道接下来该做些什么。

辅导员工作近10年，工作经验丰富，她安慰了小刚，并给小刚分享了个人的经验。在辅导员带过的三届学生中，每一届都有学生因各种原因退学，其中95%的学生都选择重新参加高考并考出了不错的成绩。在新的学校中，这

些学生能够把握好大学的生活节奏，已经有几位学生顺利毕业，还有 3 名学生读了研究生。她告诉小刚，能考上这所大学，说明小刚在高中时就具备一定的实力。她相信小刚的学习能力，退学也只是学校对他前一阶段表现做出的评判；但是这并不代表他以后的人生会一路低谷，他或许只是比同龄人慢一点、晚一点而已。此外，她还和小刚分析了学习、学历在当今社会的重要性，鼓励小刚回家重新复习，争取参加当年的高考，重新走入校园。

虽然已经被退学，但辅导员这番诚恳的话让小刚不再失落。最终，小刚接纳了辅导员的建议，回家重新参加了高考，如愿考上了自己理想的高校和专业。

（二）案例简析

由于高中时高压的学习状态维持了很长时间，很多大学生考入大学后便放松了对自己的要求。各大高校每年都会因学业问题清退一批学生，令人惋惜。对这一部分学生需要好好引导，否则会影响学生的一生，甚至酿成悲剧。本案例中，辅导员利用自己多年的工作经验，分享了很多成功案例，鼓励小刚重返校园；小刚采纳了辅导员的建议，考上了自己理想的高校和专业。在对特殊学生进行引导时，辅导员应有一定的工作经验。辅导员应注意工作经验的积累，工作时间长的辅导员可以多分享经验，年轻辅导员应多向有经验的辅导员取经。

（三）经验启示

1. 在工作中注意经验积累，努力塑造好为人师表的形象　辅导员工作经常需要面对一些突发事件，或者是一些特殊学生的特殊事件，这些事件的处理离不开辅导员经验的积累。尤其是年轻辅导员，参加工作时间短、缺乏经验，若是处理不好这类问题，不仅对学生不利，还会影响辅导员在学生心中的良好形象、降低在学生中的威信。因此，辅导员应在工作中注意积累经验，对于自己没有把握解决好的问题，应该多向周围同事和领导请教，避免因处理不当而造成不良后果。任何工作经验的积累都要在平时下功夫。在关键时刻能展现自己的工作能力，让学生心服口服，才能真正做到为人师表。

2. 对于困难学生要正向引导，带领学生阳光成长　这里提到的困难学生意义很广，包括学业后进生、心理问题学生、家庭经济困难学生等。这些困难学生往往情绪消极，看待问题的角度也大多是消极的；倘若引导不好，很可能引发一些悲剧。因此，对这一部分学生需要正向引导，引导其看到事情积极的一面，并尽可能地为学生提供一些物质或精神上的支持；从而帮助学生尽快走出困境，向着积极的一面发展。辅导员应学习一些心理健康教育的相关知识，在与学生沟通时注意方式与技巧，帮助学生养成积极阳光的心态，使其成长为朝气蓬勃、充满青春与活力的大学生。

案例二：辅导员巧妙分析，让想走弯路的学生及时止损

（一）案例概述

小米是一名大三男生，学习刻苦，成绩总体较为优异，保送研究生的希望很大。一天，他的室友小郑找到辅导员反映情况，小米对自己英语六级的成绩不满意，但是自己的英语水平实在难以于短期内提高，就想在周末的六级考试中作弊，希望室友们能帮助他。小郑觉得小米的行为太过冒险，一旦被发现，结果会让他后悔终生。因此，希望辅导员能开导一下小米，让他悬崖勒马。此外，小郑也希望辅导员能够为自己保密，他不希望小米有被室友"出卖"了的感觉，相信辅导员有办法帮自己瞒过去。

辅导员找来小米，询问他近期情况，有没有报名目标学校的暑期夏令营。小米听后支支吾吾，最终还是和辅导员说出了自己的烦恼。小米对自己保研没有太大把握，就没有信心报夏令营。他还特别强调了自己英语不好，很害怕一些高校夏令营的英文问答环节；同时，对于即将到来的六级考试，自己也没信心，很怕最后保研的时候被英语成绩拖后腿。

辅导员由此接过话茬，给小米做了全面的学业成绩分析，即便是凭借当前的英语水平，小米也可以达到保研的基本成绩要求。同时，辅导员还分析了小米的竞赛和科研成果，对他在这方面的成果给予十分肯定，告诉他这些成果是保研时教师们十分看重的内容，这让小米信心倍增。除此之外，辅导员还肯定了小米在社会实践中的成绩，相信这些都会为他的简历增色。

谈话的最后，辅导员宽慰小米，让他不要对这次六级考试过分紧张，考不好也没关系，现在的成绩也有希望保研；但是千万不要一时想不开，在考试中作弊，不然就算侥幸没被抓到，内心也很难安定。最终，小米告诉室友们自己放弃了作弊的想法，他的室友们也纷纷为他突击补习，帮助他取得更好的成绩。

（二）案例简析

考试作弊是大学生群体中常见的现象，不仅有学业后进生为了考试能及格而耍小聪明，也不乏成绩优异的学生为了取得更好的成绩选择铤而走险，本案例中的小米便是后者。幸运的是，小米的室友将有关情况告知了辅导员，辅导员通过帮助小米分析成绩和其他成果，巧妙地引导小米说出了自己担心的问题，由此顺势对其开展诚信教育，最终小米悬崖勒马、及时止损。因此，一定要全面地对大学生开展诚信教育，使这项教育能覆盖到全体大学生，尽可能使学生打消作弊念头。此外，对于反映情况的学生，辅导员需要保护好他们的隐私，避免激化学生之间的矛盾。

（三）经验启示

1. 加强教育，引导学生诚信考试　诚信考试的重要性无需赘言，作弊行

为一旦被发现，轻则被学校处分，重则可能取消学位证，甚至要受到法律制裁。因此，必须要加强对学生的诚信教育，引导学生诚信考试。很多辅导员往往只注重学业后进生的诚信教育问题，忽视了一些成绩好的学生也会为了得高分而尝试作弊，以及一些成绩好的学生会为其他同学提供"帮助"。所以这种教育必须面向全体，除了正向教育之外，还可以采用案例的形式开展警示教育，让学生不敢触及这条高压线。

2. 注意保护学生隐私，巧妙处理学生反馈的"情报"　辅导员难以时刻关注到每个学生。倘若有学生反映问题，辅导员要注意保护其隐私，避免让其他同学认为有人"打小报告"，在学生中引发不必要的矛盾。若产生矛盾，辅导员应该出面调解，避免学生之间误会加深，影响集体团结。辅导员在一些场景下要避免和学生直来直去，委婉巧妙的处理方式有时候能更好地实现思想政治教育效果。年轻辅导员可能会因为和学生亲近而和学生无话不谈，但是这种方式可能无法让学生虚心接受批评，甚至引发对辅导员和其他同学的误解；因此，在这类问题上，更具权威的沟通方式反而能水到渠成，达到理想效果。

3. 发现学生的闪光点并多加鼓励，避免"唯分数论"　我国教育评价改革不断发展，综合评价正在逐渐替代传统的"唯分数论"。然而，一些学生对此缺乏认知，尤其是学习成绩优异的学生更容易看重分数，而忽视了自身综合素质的提升。因此，辅导员首先应不以分数论英雄，更不可因分数高低而对学生差别对待；要注意发现每个学生身上的闪光点，对其进行鼓励甚至将其树为榜样，在学生中营造出"综合提升，全面发展"的氛围。学生在鼓励教育中逐渐养成积极向上的心态，才有信心、有意愿为了提升自我而努力。

第四节　夏日可畏型

"严师出高徒"是我国长期传承而来的观念，时至今日仍未过时。严格的师父能带出优秀的徒弟，严厉的辅导员在思想政治教育工作中同样可以发挥重要的作用；尤其是在原则性问题的处理上，辅导员正言厉色更能达到警示学生的效果。当然，这种辅导员的严厉是适度的、恰到好处的，而不是让学生望而却步、不敢与之接近，可畏不是可怕。夏日可畏型的辅导员与学生关系的形成主要是源于学生对教育、教师的敬畏感。正是这份敬畏感的存在，双方的关系才不至于异化。作为高校思想政治教育工作的骨干力量，辅导员要牢记教育的根本问题"为谁培养人、培养什么人、怎样培养人"；其中，最需要培养好的便是学生的品德，品德问题容不得一丝歪斜。因此，在学生品德的培养上，夏日可畏型的辅导员与学生关系能帮助辅导员为学生立好规矩，让学生走上正路。

案例一：辅导员守住底线，引导学生端正入党动机

（一）案例概述

小何是一名大二的女生，平时学习刻苦努力，成绩在本专业名列前茅。然而，她和同学们的关系却并不好，在一些需要同学投票的评选中，小何往往会败下阵来。在最近一次的团支部推优入党中，小何再次落选。失落的小何找到辅导员。她开门见山地跟辅导员说："老师，我毕业后想考公务员。您能不能帮我个忙，让大家都能推荐我，让我入党？"

辅导员听完之后神情严肃下来，义正词严地告诫小何应该端正入党动机，通过正规的方式争取加入党组织。同时，她也提醒小何，在考公务员之前要想清楚自己为什么选择这个职业，做人做事不可如此功利化。而后，辅导员安慰了小何，心平气和地跟小何分析了她的优势与不足；建议小何在学习之余，要注意多和周围同学交流，也可以多帮助成绩暂时落后的同学。同时，辅导员也向小何说明，党员不是考公务员的硬性指标，只要积极进取，非党员同样可以考取公务员；同时，在参加工作之后会有很多机会入党。

小何意识到了自己存在的不足，向辅导员表示了感谢，并表示今后会认真思考、做出改变，也请辅导员多监督指点。

（二）案例简析

当代大学生积极入党，这体现了他们对中国共产党的认同，然而选拔大学生党员有着严格的规定，最终入党的仍是少数。每年都有很多学生提交入党申请书，或者向辅导员询问入党的流程和注意事项。通过申请书来看，大部分同学都能够恰当表达自己的入党动机；然而，在谈话时，会发现有个别大学生存在对党的认识不到位、入党动机功利化等问题。故此，辅导员应该引导学生端正入党动机，带领学生加强理论学习，在学习、生活和社会实践中多向党员看齐。

（三）经验启示

1. 守好底线，端正每一个学生的入党动机　在校大学生积极入党的热情不容置疑，但其背后的动机却不是个个端正。例如，有的学生把入党当作自己求职升学的敲门砖；有的学生入党是为了让周围人羡慕，从而满足自己的虚荣心；还有的学生入党仅仅是因为家里长辈说入党是好事、要积极争取；诸如此类都是大学生常见的不端正的入党动机。大学生党员是大学生群体中的典型模范，只有优秀的大学生才有机会入党；辅导员必须严守底线，通过带领学生阅读经典书籍和党政报刊、聆听党员模范或马克思主义理论学科学者的讲座、参观红色教育基地等方式对学生的入党动机加以修正，确保大学生党员队伍的纯洁性。

2. 强化日常考核与管理，培养好入党积极分子　面对学生积极入党的热情，辅导员应该制定相应规则，加强对这些学生的日常考核与管理，考核结果可以作为其被确定为入党积极分子的重要参考。在日常的考核与管理中，要及时发现问题并帮助学生改正，避免学生因为急于入党而"病急乱投医"，产生了错误的入党动机并越陷越深。对于已经被确定为入党积极分子的学生，更应该加强管理，不能使其思想上有所松懈，引导其以党员的标准严格要求自己。可以结合学校、学院和学科的实际情况制订相应的考核方案，全面考核这些学生的综合素养；对于考核不过关的学生，不应将其发展为预备党员。

案例二：辅导员坚持原则，让学生遵守规则

（一）案例概述

小然是年级学生会主席，工作能力出众，成绩优异，和同学关系融洽，是教师和辅导员的得力助手，也是被同学们交口称赞的领头羊。然而，人无完人，小然也有自己的缺点。他遇事容易急躁，还有粗心大意的毛病。

某天，小然急匆匆地跑进辅导员的办公室。原来，小然刚刚发现自己错过了社会奖学金申请材料的提交时间。辅导员还没将材料上报，就请求辅导员给他行个方便，让他补交材料。辅导员听后拒绝了他的请求，这令小然非常生气。他抱怨辅导员不讲情面，自己为年级作了很多贡献。这次只要辅导员和自己能够保密，补交一下没什么大不了，辅导员却不肯帮他这个小忙。

辅导员听完小然的抱怨也十分生气。她告诉小然按时完成任务是小然作为学生的本分，作为学生骨干的他更应该发挥带头作用。因为自己粗心错过了提交时间应该反思自己，而不是要求辅导员破坏规则给自己开后门。既然截止时间已过，她是不可能允许小然补交的，否则对其他同学也不公平。

经过一段时间的促膝长谈，小然最终认识到了自己的不足并主动向辅导员道歉，没有再继续要求补交材料。

（二）案例简析

辅导员与学生的关系有亲疏远近是正常的现象，但是在工作中必须公平公正地对待每一个学生，不能因为和某些学生关系好就给其行方便。在本案例中，小然因为自己是学生骨干，就希望辅导员能给自己开个后门，允许自己补交材料，在辅导员拒绝后还十分不理解。面对小然的不解，辅导员仍旧坚持了公平公正的原则，没有对小然网开一面，并及时地指出了小然的错误。一番长谈之后，小然认识到了自己的问题所在，主动道歉并接受了辅导员的做法。辅导员必须坚持原则，只有对各类既定规则不随意更改，学生才能守好规则。

（三）经验启示

1. 坚持原则，让每一个学生都养成规则意识　辅导员在工作中应该坚持

原则，也让学生养成遵守规则的意识。辅导员坚持原则、不破坏规则，学生才能重视规则、遵守规则。辅导员和学生骨干接触较多，学生骨干日常协助辅导员开展工作，关系可能更近，这是人之常情。但是，不可为此就打破规则，给学生骨干开后门；否则会破坏学生的规则意识，长远看并不利于工作的开展。很多社会问题的出现都源于人们对规则的轻视，有时候学生犯错也是因为对规则不够重视，所以更应该引导学生敬畏规则、遵守规则。这不仅能够保证其在校学习、生活顺利，更有助于避免其在日后的工作乃至人生中因不守规矩而酿成大错。

2. 培养学生良好习惯，防止学生粗心误事 当代大学生尤其是大学新生往往是在家被父母周到照顾着，进入大学后一时难以自立，更没有养成自主安排各项时间的习惯。有些学生到了大四还需要教师和家长提醒才能做完自己的分内之事。布置任务时，辅导员应向学生明确任务的截止时间。在时间观念养成的初步阶段，辅导员可以在临近截止时间时再次提醒学生，而后逐渐不再给予提醒，培养学生的时间观念和独立能力。同时，有些学生性格大大咧咧，很容易因为粗心马虎犯错，也需要辅导员多提醒、多关注，帮助这些学生改正问题。

第五章

多元情境下高校辅导员与学生关系构建的探索

情境指一定时间内各种情况相对或结合导致的境况。思想政治教育情境是思想政治教育的元素之一，指教育者和受教育者都可以把握且能够优化双方心理精神氛围的，有利于一定思想政治教育目标实现的，内在于思想政治教育系统中主客体有机统一的，特定而微观的自觉环境。随着思想政治教育场景的不断拓展，思想政治教育从讲台逐渐延伸到社会生活的方方面面，也从现实的书本上弥漫到网络的虚拟世界。思想政治教育的情境也逐渐趋向多元化。在情境变换之中，高校辅导员与学生的关系也在潜移默化中发生着变化；在不同的情境下，高校辅导员与学生关系的建构呈现出不同的内容与特点。

本章主要讨论不同情境下高校辅导员与学生关系的建构问题，针对思想引领、教学科研、第二课堂、数字时代、多元文化5个情境进行了具体分析，解读了不同情境下高校辅导员与学生关系建构的内容、要求，以期为现实中辅导员与学生关系的构建提供新的思路。

第一节　思想引领情境下的高校辅导员与学生关系建构

在"立德树人"这一根本任务下，高校人才培养要以德为先，要加强对学生的思想政治教育，重视对学生的思想道德建设，引导学生树立正确的世界观、人生观、价值观，培养好能担当民族复兴大任的时代新人。《普通高等学校辅导员队伍建设规定》列出的辅导员主要工作职责共有9项，其中居于首位的就是思想理论教育和价值引领。辅导员始终是开展大学生思想政治教育的骨干力量，无论思想政治教育的场景如何拓展，辅导员所肩负的思想理论教育和价值引领职责不会改变。因此，在高校辅导员与学生关系建构的各类情境中，思想引领情境是最为普遍也是最为重要的一种情境。在这一情境中，辅导员发挥着不可替代的作用。

一、思想引领情境中辅导员的作用

在思想引领情境中，辅导员需要引导学生深入学习中国特色社会主义理论体系，加强思政宣传与教育，培养学生的家国情怀，让学生能够不断坚定中国特色社会主义道路自信、理论自信、制度自信、文化自信，坚定不移听党话、跟党走，树立好正确的世界观、人生观、价值观，能够学会处理好自己在校面临的各种问题，努力成长为有理想、敢担当、能吃苦、肯奋斗的新时代好青年。

（一）引导学生加深理论学习

理论指导实践，中国特色社会主义理论体系是中国共产党人经过艰辛探索，创新发展出来的理论体系。当前，这一理论体系的最新成果是习近平新时代中国特色社会主义思想，这也是马克思主义中国化的最新成果。因此，引导学生深入学习习近平总书记系列重要讲话精神和治国理政新理念新思想新战略，是当前国际国内形势下所必需的。当前，我们国家面临着前所未有的复杂的国际环境，新情况、新问题、新挑战层出不穷，意识形态领域更是风云诡谲，身处世界百年未有之大变局中，更需要用科学的理论武装大学生的头脑，引导他们运用马克思主义理论的立场、观点和方法来分析解决问题。人才培养是高校的第一要务，党的十七大确立"坚持育人为本、德育为先"，十八大提出"把立德树人作为教育的根本任务"，十九大、二十大均强调了"落实立德树人根本任务"。国无德不兴，人无德不立。人才培养首先就要解决好人的思想问题，这离不开马克思主义理论的指导。此外，大学生自身成长成才离不开马克思主义理论素养和能力的培养，只有打好理论基础，才能不断增强自己认识世界、改造世界的能力，树立并实现自己的远大理想。

（二）深入开展政策宣传与教育

大学生应与时俱进，关心时事。"形势与政策"是我国教育部规定的高校本科学生的必修课程，这是集中为大学生开展政策宣传与教育重要途径。此外，辅导员还可以通过举行年级大会、邀请专家学者举办讲座、实地参观学习等方式对学生开展政策宣传与教育。通过宣传党和国家的政策方针，了解国家发展现状，引导学生正确认识我国当前的发展态势，认清国家所面临的机遇和挑战及其对自身的影响；进而让学生明辨社会主义民主与资本主义民主的本质区别，深刻认识我国的制度优势，不断坚定制度自信。当前，大学生应深入学习、领会并贯彻党的二十大精神。同时，习近平新时代中国特色社会主义思想主题教育正在全面展开，辅导员除自身应深学细悟外，应以学生党员、学生骨干为抓手，带领全体学生深入学习习近平总书记关于时代趋势和国际局势的重大判断，引导学生学深悟透党的创新理论。此外，"大兴调查研究之风"已被写入政府工作报告并印发了工作方案，辅导员应引导学生深刻领会其中要义，让更多的学生能将论文写到祖国大地上，在实践中不断铸魂育人。

（三）厚植学生爱党爱国爱社会主义的情感

中国共产党经过百年奋斗创造了光辉的历史成就，从根本上改变了中国人民的前途命运，当代大学生必须将爱党爱国爱社会主义的情感厚植于心。中国是全世界公认的安全国家之一。放眼全球，中国和谐稳定的社会环境为当代大学生提供了安心求学的机会，脱贫攻坚战的胜利让大学生不会因贫困而被迫辍学，海量的课程和学习资源让大学生能够不断充实自我，丰富的创新创业平台、科学研究平台、文化交流平台让大学生有更多机会去创造并实现自我价值。辅导员应引导学生认识到自己所拥有的前所未有的机遇都离不开中国共产党对我国教育事业的领导，离不开祖国发展在背后的有力支撑，离不开我国对社会主义办学方向的坚持；让学生明白作为新时代的大学生，应当爱党爱国爱社会主义，珍惜来之不易的求学机会，力争学有所成，将自身所学用于全面建设社会主义现代化国家的火热实践。

（四）引导学生树立正确的世界观、人生观、价值观

世界观、人生观、价值观教育可以训练大学生理论思维能力，为大学生提供科学的理论思维方式，引导大学生确立面对实践问题和社会矛盾的科学批判精神，帮助大学生思索人生、规划生活、塑造理想人格。引导和帮助青年学生树立正确的世界观、人生观、价值观是开展思想政治教育工作的目的之一。当前，功利主义、拜金主义等不良社会思潮在大学生中有所抬头；国际反华势力此消彼长，通过网络等途径对大学生加以蛊惑，利用大学生的责任感、正义感来煽动其不满情绪，误导大学生忽略事物的本质，使大学生对自己所接受的思想政治教育产生怀疑，甚至动摇"四个自信"。因此，进行世界观、人生观、价值观教育是大学生思想政治教育的题中之义，利用好现代科学手段和传媒方式，把握大学生中的舆情走向，及时拨乱反正，让正确的世界观、人生观、价值观滋养大学生一生。

（五）帮助学生处理好在校的各种问题

大学生活丰富多彩，但并不会一帆风顺。在校期间，大学生难免遇到各种各样的问题，小至个人生活习惯，大到事关集体荣誉，涵盖了思想认识、价值取向、学习生活、择业交友等方方面面。在思想认识上，政治意识淡薄、思考问题不联系实际、分析问题过于片面等都是大学生常见的思想认识问题；在价值取向上，部分学生仍存在缺乏诚信意识、功利主义倾向明显、思想意志薄弱、理想信念不坚定等问题；在学习生活中，一些大学生心理脆弱、缺乏应对困难与挫折的勇气、学习态度被动、过分追求物质生活；在择业交友时，有些

学生好高骛远，忽略自身能力素质，盲目与周围同学攀比，在宿舍中人际关系紧张；在情感上，有些大学生不能正确处理爱情与学业之间的关系，遇到问题后丧失理性。这些都是各大学生群体普遍存在的问题。面对这些问题，很多大学生都缺乏处理经验，需要依靠辅导员的指导与帮助才能不断成熟，逐渐独当一面。处理好这些问题有助于大学生在校成长成才，处理不好也可能使其误入歧途。

二、思想引领情境下辅导员与学生关系建构的要点

在思想引领情境下，辅导员自身首先要"立得正"，只有自身保持较高的政治理论水平和专业知识技能才能为学生树好榜样；其次，辅导员要掌握工作技巧，用学生能够接纳的方式展开思想政治教育活动，使思想政治教育的内容入脑入心；再次，辅导员要学会灵活运用各种现代技术手段，全面围绕学生开展思想政治教育；最后，要将思想引领和学生的实际相结合，服务学生的成长。通过在思想上引领学生、在行动上带领学生、在心理上靠近学生，从而拉近与学生的距离，在辅导员与学生之间建构出良好的关系。

（一）提高自身综合能力，为学生树立良好榜样

学高为师，身正为范。若辅导员自身的政治理论水平和专业素养欠佳，学生则很难听从其教育，更不会信任敬服自己的辅导员。在这种情况下，思想政治教育工作很难推进，学生更是会怀疑思想政治工作的真实性和必要性。辅导员是最贴近大学生的教师群体之一。辅导员自身"立得正"才能给学生树立良好的榜样。作为学生成长路上的领路人，辅导员的言行举止会深刻影响着学生，尤其是年轻辅导员与学生年纪相近、成长环境相仿，可以用自身的成长故事为学生提供参考。辅导员可以通过日常的言传身教向学生传递思想政治教育内容，让学生能够真切感受理想信念的力量，理解理论水平对自身发展的重要影响，逐渐树立远大理想，明确人生的价值与方向。

（二）把握思政工作技巧，让思想政治教育入脑入心

当前，新生代大学生独立性增强，加之信息来源和信息内容趋向多样化，大学生获得了更多的思考空间。尽管这有助于大学生进行独立思考，但是处于心智成长期的他们也容易被一些错误信息误导，或被一些假象所蒙蔽，无法时刻保持清醒的头脑。在一些不良信息的诱导之下，一些大学生开始偏信自己所获取的信息，思考问题"钻牛角尖"，为人处世"闯死胡同"，不愿听从他人的正向规劝，不愿追随主流的价值导向。对这类学生开展思想政治教育要使用他们能够接纳的方式，"硬碰硬"的方式反而不容易使思想政治教育的内容入脑入心；与其针锋相对，不如与学生共同审视、分析这些信息，引导学生自主探寻真相，跳出思维观念的误区，明辨是非曲直。

（三）整合多样资源手段，让学生喜闻乐见

提及"思想政治教育""思想引领""理想信念教育"等词汇，一些学生往往面露难色，总认为都是无聊枯燥的理论课程。教师照本宣科，学生听不进去；一节课过后，教师身心俱疲，学生没有收获。随着科学技术的更新迭代，互联网全面普及给人们生活带来了深远影响，很多领域都发生了翻天覆地的变化；高校思想政治教育工作的模式也需要与时俱进，满足当今时代背景下教育发展的要求和新时代人民的新期待，"办好人民满意的教育"。新时代的思想政治教育正将现代科学技术和大众传媒手段融入进来，在内容和形式上都更加贴近学生喜好，愈发地让学生喜闻乐见。辅导员作为思想政治教育的实施者，除了通过课程、课本、课堂开展思想政治教育外，还可以整合各类课外资源发挥合力作用，如利用新媒体占领网络思政阵地。

（四）贴近学生日常生活，让思想引领落地生根

思想引领并不是高深莫测、遥不可及，而是要能指导学生的日常学习与生活，影响其人生的长远发展；所以，思想引领要和学生的实际相结合，服务学生的成长。人之所以为人，是因为人懂得思考。按照马克思的观点："有意识的生命活动把人同动物的生命活动直接区别开来。"思想对一个人来说意义重大，一个人思想的好坏对其人生道路的选择和发展都有着直接影响。思想并不是虚无缥缈的海市蜃楼，而是具体真实并能见诸行动的方针。在对学生进行思想引导时，辅导员要深入学生之中，注重解决学生的实际问题，围绕学生成长和发展的需求，将理论与实践相结合，有重点、有主次、有针对性地解决不同学生在思想认识、价值取向、学习生活、择业交友等不同方面所面临的问题，切实解决学生的困难。

第二节　教学科研情境下的高校辅导员与学生关系建构

学风建设是辅导员的职责之一。辅导员要引导学生重视学业问题，督促学生按计划完成学习和科研任务，推动顺利毕业。当前，我国高校有一部分辅导员是教学科研和思政工作"双肩挑"，本章暂不对这种情况进行详细论述。

许多专职辅导员的专业背景、知识结构和学生仍有差异，并不能直接辅导学生的学业问题；同时，辅导员有独立的工作任务和专项的工作职责，很难再有时间、精力在专业学习和研究上为学生答疑解惑。如果将学业指导工作比喻为解几何题，任课教师、导师就是图形中的实线，主要负责为学生传道授业解惑，指导学生的专业学习和科研任务，是学生解题时不可或缺的元素；辅导员则是解题过程中的辅助线，主要负责培养学生的学习兴趣和诚信品质，引导学生养成良好的学习习惯、科研精神和学术道德，掌握正确的学习方法，帮助学

生更高效地解开题目。在教学科研的情境中，辅导员是催化剂、辅助线，能帮助学生更好、更高效地完成学习和科研任务，使学生快乐学习、诚信科研，助力学生毕业、求职、深造，实现人生价值。在这一过程中，辅导员要表扬学业优异生、鼓励学业中等生、帮扶学业后进生，与学生共同成长，逐渐建构与学生的良好关系。

一、教学科研情境中辅导员的作用

在教学科研情境中，不论专业是否对口，辅导员都需要熟悉自己学生所学专业的基本情况，通过问卷调查、查课查寝、谈心谈话等方式深入到学生之中，了解学生的学习状况，适时地帮助、引导学生，在潜移默化中与学生构建好良性的关系。在学风建设工作中，辅导员要提高学生对学习的重视程度，激发学生学习兴趣，掌握每个学生的学习情况，引导学生养成良好的学习习惯、端正学习态度，树立正确的学习目标，掌握正确的学习方法。特别是要引导学生通过自身努力学有所成，将自身所学与解决实际问题相结合、与服务祖国发展相结合。

（一）熟悉学生的专业基本情况

当前，我国还无法实现辅导员专业背景与学生专业完全相匹配，很多高校甚至无法实现辅导员与学生专业背景相近，要求辅导员掌握学生所学专业的基本知识。但是，为了做好学生教育管理工作，当辅导员与学生专业背景差异过大时，辅导员需熟悉学生的专业基本情况，基本掌握该专业的人才培养定位、课程设置、核心知识领域、毕业要求、就业方向等相关内容，了解相关专业和行业发展的历史、现状与趋势；以便帮助学生做好专业学习计划和职业生涯规划，并在学生升学、就业时提供相应的指导。

（二）开展学风情况调查并分析

辅导员至少要以学期为单位，对年级各班、各专业开展学风情况调查，并进行全面的分析，从而及时总结年级学风建设中存在的问题并改进；可通过年级大会、年级骨干会议、班会、走访学生宿舍、咨询任课教师等方式查找问题的原因，并及时加以整改。其中，对于及格率较低的课程，要注意分析是学生因素还是课程因素；对于学生中存在的自控自律能力差、重视程度不够、懒惰等问题，要督促改正；对于反映出的年级学习氛围问题，要注意审视年级总体的学风建设，营造良好的学习环境。在调查分析过后，可以将结果与年级的往期情况进行对比，亦可与学院往届学生的同期情况进行对比，吸取教训、总结经验，沿用效果好的管理方法和教育理念，对不足之处及时制定相应的整改措施，更加深入帮助每一个学生把潜能发挥到极致。

（三）掌握学生个体的学业水平

作为辅导员，即使所带学生数量庞大，短期内不能将学生的姓名和样貌一一对应，也必须要对每个学生的具体情况了如指掌，能准确记起学生的成绩及其他情况。做好学生成绩管理台账，追踪记录学生的成绩及排名，根据学生成绩的变化趋势对其开展相应的学业指导；对于成绩下滑幅度大或成绩一直落后的学生，要安排成绩优异的学生或联系专业教师对其进行帮扶，减少学生因成绩不佳而退学的情况。建立联系反馈制度。很多家长表示孩子上大学后自己并不了解其在校的真实情况。辅导员不仅要与学生经常沟通，还要通过邮寄成绩单、发放家长信、线上及线下沟通的方式让学生的家长了解学生的学习情况；条件允许时可以到学生家中开展家访，形成家校合力，共谋学生成长发展。

（四）端正学生学习习惯和态度

学生的成绩表现与其学习习惯和学习态度密切相关。因此，需要辅导员引导学生养成良好的学习习惯和端正的学习态度，激发学生的学习兴趣，提高学生对专业的热爱程度，让学生明确为什么学、怎么学、学了之后可以做什么。很多学生在进入大学后对学习不再重视，吃喝玩乐成为一些大学生的生活常态，过分解读了大学生活的"自由"，忽略了自律也是大学生活之必需。一届又一届的大学生中甚至流传着"六十分万岁，多一分浪费"的错误理念，考试只求及格、学习只为毕业、毕业只为工作，缺乏学习的目标与兴趣。一些学生平时不花精力学习，课堂上沉迷手机，期末考试前各科集中临阵磨枪，甚至有学生因熬夜复习而影响身体健康，也有学生因复习不完所有科目而在考试时夹带纸条、交头接耳。

（五）帮助学生明确学习目的

学习的目的有很多，可以是为了提升自我的知识水平，可以是为了光耀门楣，可以是为了掌握技能顺利求职，可以是为了实现中华民族伟大复兴……学习的目的可以为人也可以为己，可以渺小也可以伟大。推进学风建设必须让学生明白为什么要学，明确学习的真正目的。学生对学习不重视甚至厌学的原因之一，便是没有明确的学习目的，不理解为什么要学习。另一些学生虽有明确的学习目的，但是其目的却并不是十分端正，这或许源于家庭教育中的错误引导，或许源于外界错误信息的误导，使其学习的意志并不坚定从而容易放弃。从个人发展看，学习可以帮助人获得知识，提高综合素质，从而更好地生活和发展；若将眼界放宽，个人命运与国家命运是紧密相连的，努力学习才能最终为国家和社会发展助力。只有帮助学生明确学习真正的目的，才能让他们把学习变成自身的主动行为。

二、教学科研情境下辅导员与学生关系建构的要点

在教学科研情境中的辅导员要发挥好"辅助线"的作用，引导学生认真学习，按时完成科研任务，做好年级的学风建设工作，成为学生在学习和科研任

务中的好帮手。在具体的工作中，辅导员要结合学生的具体情况，有针对性地开展指导与帮扶工作；整合好各类有助于学生的资源，为学生学习创造良好的条件与环境；在指导、帮扶学生的过程中，逐渐构建出与学生的良好关系。同时，要做好与分管领导、任课教师、学生家长的沟通工作，减少因信息不对称带来的工作负担，提高工作效率。对于研究生辅导员来说，在与学生建构良好关系的基础上，还需要帮助学生处理好与其导师的关系。

（一）对症下药，量体裁衣——有针对性地指导帮扶学生

由于每个学生的学习能力、学习效率、学习方法、学习进度、学习成绩等存在差异，所以开展学风建设、做好学业指导工作不能对所有学生一概而论，而是要对症下药、量体裁衣，根据学生的个人特点，有针对性地指导和帮助学生。若学生数量较多，一时无法逐一开展指导与帮扶工作时，可以按照一定的标准，将学生划分为多个小组，以团体辅导的形式进行。最常见的分组方式就是按照学生的学习成绩进行分组。在"尖子生"群组中，除了进行表扬之外，还可以通过让学生思维相互碰撞，使其在"较量"中共同进步；对于"中等生"团体，主要以鼓励和查漏补缺为主，让彼此间相互监督，在自律的学习中共同提升；对于"后进生"部分，以课业辅导为主，可以让尖子生帮助后进生，也可邀请任课教师单独为其"开小灶"。

（二）物尽其用，蔚然成风——有序整合资源并创造环境

当前，高校大学生的课程设置愈发全面合理，在课程内容的安排上也更加丰富多样；传统的课堂教学已经不能满足学生的学习需求，网络教学、实践教学、现场教学等教学形式逐渐成熟。同时，学生在课堂之外增加了小组学习、自主学习等学习方式。因此，学风建设工作不能仅关注课堂学习和课后作业，还应聚焦新的教学形式和学习方式，为学生收集、整合更多的学习资源，为学生的学习创造理想的环境。学以致用，学习的目的是最终能将所学知识运用到实际问题的解决中；对此，辅导员可以联络调动各级党政机关、社会团体、企事业单位的力量，将学校教育和社会教育有机结合，开展相关教育教学活动，形成共同育人的格局。良好的学习环境能为学生的学习和科研助力。除了提升学习环境中的硬件设施之外，还应该注意良好氛围的营造，让学生在轻松和谐的环境中学习，增进与同学、与教师、与辅导员的信任和理解。

（三）多方联动，齐心协力——有效规避信息不对称问题

高校与中小学的一个不同之处在于，高校中教师与家长的沟通较少，而中小学的教师与家长每学期至少有一次面对面的沟通机会。一方面，由于时间、地点、语言等客观因素的限制，辅导员很难有机会定期和家长面对面地探讨学生的问题；另一方面，大学生很多只有在寒暑假期间才能回家，辅导员很难及时地通过学生将一些情况反馈给家长。大学中辅导员与家长之间的沟通可以用

"无事不登三宝殿"来形容，往往是学生出现了问题双方才会进行沟通，能与任课教师联系的家长更是寥寥无几。这就导致一些学生有机会"钻空子"，将不实的内容反馈给家长和辅导员，等到"东窗事发"时却为时已晚、难以补救。除此之外，辅导员还应与分管教学科研的学院领导、任课教师保持沟通，了解学生培养方案和学习状态，反馈学生关于教学科研的意见及建议，在学生、教师、学院之间架好沟通的桥梁。

（四）各尽其责，相辅相成——有力推动导师与学生关系

与本科生不同的是，研究生都配有导师。在一些学校中，研究生导师是学生在校的第一责任人，其肩负的责任比辅导员更加沉重。因此，辅导员要与导师做好沟通，及时掌握学生情况。近年来，研究生与导师的冲突越发频繁，对师生双方都造成了不好的影响，甚至波及研究生和导师群体的形象。在与学生建构良好关系的基础上，研究生的辅导员还需要帮助学生处理好与其导师的关系，引导学生按照导师要求及时完成科研任务；当与导师意见相左时，促使学生采用平和的方式与导师进行沟通。当辅导员发现学生与导师之间的矛盾无法调和时，应该请负责研究生工作的分管领导介入，通过调解、更换导师等方式缓和矛盾，防止学生因矛盾无法调和而走极端，酿成无法挽回的悲剧。对于无法按时毕业的学生，辅导员应与导师共同关注学生学习状态，帮助并督促其开展科研任务，关心其身心健康。

第三节　第二课堂情境下的高校辅导员与学生关系建构

第二课堂是一种新型的教学模式。简单说来，第二课堂是指学生在以专业知识为主的教学计划课程学习之外所从事的一切活动，也就是在课堂教学之外的所有活动，是对第一课堂的延伸和补充，具有第一课堂所没有的作用。高质量的第二课堂可以与第一课堂相辅相成、相得益彰。当前，我国高校的第二课堂建设还在推广普及之中，部分学校还未建成完整的第二课堂体系。总的来看，目前已有的第二课堂主要包含思想道德与法治、学生自我管理与服务、社会实践与公益活动、劳动教育、文体活动、创业、科技创新与竞赛、专业技能与特长等方面的内容，是提升大学生综合素养的必不可少的一部分。在第二课堂情境中，辅导员能够发挥至关重要的作用，是学生第二课堂中的参与者、指导者、组织者。辅导员通过带领学生参与第二课堂，引领学生全面发展，让学生能够有所收获，从而建构并不断增进与学生的良好关系。

一、第二课堂情境中辅导员的作用

如果说辅导员在第一课堂中很难大显身手，那么其在第二课堂情境中的作

用则是不容小觑的。辅导员要根据人才培养要求和第一课堂的课程设置开展第二课堂工作，为已有的第一课堂形成良好补充，使学生通过第二课堂可以更为全面地提升自我。辅导员需发挥引领、组织、引导、教育等作用，在陪伴学生成长的过程中拉近与学生的距离，形成和谐的辅导员与学生关系。当前，部分高校的第二课堂体系建设虽未成熟，但对学生课外活动参与情况的评价体系已经基本成熟。因此，需要辅导员根据学生在思想道德修养、自我管理与服务、社会实践与志愿服务、文体活动、创新创业活动等方面的情况，具体地组织相应活动，从而帮助学生在第一课堂之外提升相应的能力。同时，一些学生只注重第一课堂的成果，对第二课堂的重视仍旧不够，需要在学生评价标准中突出第二课堂的重要性。

（一）完善学生综合素质能力评价体系

2018 年，习近平总书记在北京大学师生座谈会上强调："培养社会发展所需要的人，说具体了，就是培养社会发展、知识积累、文化传承、国家存续、制度运行所要求的人。"进入新时代以来，国家对高等教育的需要比以往任何时候都迫切，对科学知识和卓越人才的渴求比以往任何时候都强烈。过去的人才评价体系已经无法适用于当前的人才培养需求，迫切需要改进学生培养、评价方式与理念，注重学生综合素养的提升，完善学生综合素质能力评价体系。除了第一课堂中的考评之外，应该将第二课堂中学生的表现也纳入对学生的评价之中，克服以往唯分数、唯升学、唯论文的评价倾向。培养学生的创新意识、创业精神和实践能力，减少高分低能的书呆子，让每一个学生都能够找到自身的闪光点，让学生获得发挥自身优势的空间。同时，要引导学生将自身所学与社会发展实际相结合，强化学生的家国情怀和民族担当，学以致用，以实际行动为祖国发展添砖加瓦。

（二）提高学生对第二课堂的重视程度

传统唯分数论、唯升学论的观念，仍在很多学生和家长心中根深蒂固；尤其是在高等教育阶段之前，学生所接受的多为应试教育。因此，很多大学生仍旧只关心考试、关注分数，将高分数、好名次作为自己的学习目标，忽视了第二课堂的重要性；甚至有学生十分排斥第二课堂，认为第二课堂占用了自己专业学习的时间，消耗了自己本想用于专业学习的精力。实际上，第二课堂的作用十分重要。从脱贫攻坚到乡村振兴、从南水北调到东数西算、从对口支援到援外扶贫，我国的综合实力和国际地位不断上升，支撑这一繁荣局面的除了突飞猛进的科学技术和各行各业人才的专业力量，还离不开从业人员坚守初心、担当使命、甘于奉献、不计名利的精神品质。这些美好的精神品质无法完全依靠课堂授课得来，需要在第二课堂上习得，即在社会实践中练就、在创新创业活动中磨砺、在自我管理与服务中成长。对学生的评价也不能仅关注学业表现，还要在制度上体现出与第二课堂有关的内容，提高学生对第二课堂的重视程度，使第二课堂成为人才培养方案中的必要内容。

（三）与第一课堂所学知识技能相衔接

第二课堂作为第一课堂的延伸和补充，不能与第一课堂完全脱节，要将两者相衔接，使学生能够发挥自己的专业知识技能，增强学生在第二课堂中的获得感和成就感，提升学生参与第二课堂的积极性。2023 年五四青年节到来之际，习近平总书记给中国农业大学科技小院的同学们回信，强调要"把课堂学习和乡村实践紧密结合起来，厚植爱农情怀，练就兴农本领，在乡村振兴的大舞台上建功立业。"科技小院作为农学学生的第二课堂，为学生们提供了接触社会实际、发挥专业本领的舞台；既能让学生学有所用，又能让学生在实践中深入社会民生，提升发现并解决问题的能力。创新创业领域也是很好的第二课堂，国家重视支持大学生创新创业能力的培养，不断优化大学生创新创业环境，建设了一大批大学生创新创业服务平台。在各项创新创业赛事中，一大批大学生崭露头角，将所学知识灵活运用，实现了成果的转化。同理，在第二课堂的其他领域，辅导员可以引导学生将自己在第一课堂中所学的知识技能融会贯通，达到知行合一。

（四）丰富拓展学生第二课堂内容形式

习近平总书记在全国教育大会上指出，办好教育事业，家庭、学校、政府、社会都有责任。第二课堂是学生素质教育的重要组成部分，开展第二课堂也是发展教育事业之必然，不必拘泥于课堂，可以走向操场、走进社区、走入家庭。通过拓展第二课堂的内容、丰富第二课堂的形式，让学生更加积极地参与到第二课堂之中，不断增强知识与技能储备，提升综合素质。对于当代的大学生来说，校园生活除了专业学习和科研任务之外，还有丰富的实践活动、兴趣社团、学科竞赛等其他很多内容等待着他们去探索和体验。围绕学校和学生专业特点，可以开展相关的第二课堂活动，充分发挥好校、院的各类资源优势，增进学生爱校荣院的情感。随着互联网的不断普及，可以因时而异开展线上第二课堂，探索互联网、新媒体飞速发展下的第二课堂新模式。例如，我国各大博物院、博物馆都开展了网上展厅，在文化传承与传播方面发挥了很重要的作用，打破地理位置限制，组织学生网上参观，增强对学生的传统文化教育，这不失为一种新的第二课堂形式。

二、第二课堂情境下辅导员与学生关系建构的要点

许多辅导员在毕业前都有着丰富的学生骨干任职经历、社会实践经历、创新创业经验。一些高校在招聘辅导员时还将担任过学生骨干作为选拔标准之一，丰富的社会实践和创新创业经历更能为其简历锦上添花。很多辅导员自身

就是第二课堂的参与者和受益者。在这一基础上，当以辅导员的身份参与到第二课堂时，更容易把握好要如何将自己的学生经历融入思想政治教育工作中、如何吸引学生参与、如何与第一课堂做好衔接与平衡，在不同的第二课堂情境中有的放矢地指导学生。从第二课堂中的学生身份过渡到辅导员身份，辅导员可以利用好自己的相关经验，用自己的亲身经历为学生做参考，让学生意识到辅导员拥有相同的经历，进而在心理上更愿意接纳辅导员的指导，进而保持一种良好的辅导员与学生关系。

（一）融入自身经历，为学生提供参考

尽管第二课堂是一个相对较新的概念，但是其囊括的学生骨干任职、社会实践、志愿服务、创新创业、文体活动等多个方面都或多或少地已经长期存在于高校的人才培养体系中。很多辅导员在校做学生时，也曾有过担任学生骨干、参与"三下乡"社会实践活动、志愿服务西部计划、科技创新竞赛、创业竞赛等经历。在第二课堂的情境之下，辅导员可以将自身的经历融入进来，以"过来人"的身份与学生分享经验，为学生参与第二课堂提供一些参考。以经验分享的方式引导学生参与第二课堂比单纯的说教模式更易打动人心，此时的辅导员"走下神坛"，摇身变为有经验的、亲切的学长学姐，所讲述的内容也是以学生的立场展开的，减少了与学生之间的距离感。

（二）鼓励学生参与，为学生解决顾虑

第二课堂仍在探索阶段，在一些高校中并不是学生培养方案中的必修部分，学生可以自主选择是否参加。第二课堂与第一课堂之间并不是矛盾的，适度参与第二课堂并不会影响学生在第一课堂的表现，反而可能推动其在第一课堂有更优异的表现。有一部分学生甚至家长认为参与第二课堂是浪费时间，甚至耽误复习考试的时间，会影响学习成绩。辅导员需要转变这一部分学生和家长的观念，使其正确认识第二课堂的重要意义和对专业学习的积极作用，鼓励学生尝试参与第二课堂，让学生消除顾虑。如果学生参与第二课堂的热情高涨但是家长十分反对，辅导员便需要与学生达成"统一战线"，与家长多多沟通，转变家长的教育理念，展示学生在第二课堂中的成长，帮助学生获取家长的支持。

（三）分清主次矛盾，为学生及时提醒

第二课堂与第一课堂之间虽然并不矛盾，但是二者也不可偏废。辅导员要做好敲钟人，为学生把好关，及时敲响警钟，不能让学生因为过度参与第二课堂而影响学业。对于大学生来说，在校的学习仍是重要任务，倘若不能正常毕业，其在第二课堂所获取的技能可能并不会有用武之地。丰富多彩的第二课堂吸引了很多学生参与，但是一些科技竞赛、创业大赛、文体活动可能会占用学生大量的时间，答辩路演安排临近考试周、文艺汇演彩排碰上了期末复习、两个课堂时间冲突也是常有之事；还有一些学生只重视第二课堂，对自己的学业问题却不上心，多门成绩亮出红灯。这都是需要注意的情况，辅导员应该做学生的净友，直率坦言地提醒学生，引导学生分清每个阶段的主次矛盾，合理安排专业学习与第二课堂的时间，提高效率，避免舍本逐末、顾此失彼。

（四）结合具体内容，为学生精准指导

第二课堂的内容和形式多种多样，在指导学生参与时不可泛泛而谈，而是应该根据学生的选择，为学生提供精准指导与服务。对于热衷于参与科技竞赛的学生，辅导员可以帮其联系相关领域的专家、学者等进行详细专业的指导；对于想参与志愿服务的学生，辅导员应联系专人对其进行基础的培训，同时与相关部门做好沟通，帮学生对接到更多的志愿服务岗位；对于希望投身社会实践活动的学生，辅导员应多加指导，帮助其选定有意义的社会实践主题，制订相应的社会实践方案并支持其实施；对于有创业热情的学生，辅导员可以为其讲解相关政策，组织其参与创业培训课程和项目，同时提醒其不能因此忽视学业；对于积极参与文体活动的学生，辅导员要多加鼓励，同时也可以在运动会、文艺晚会等相关活动中为其提供展示的机会。总而言之，辅导员要根据第二课堂的内容和形式，精准地为学生提供其所需要的服务和指导，在"投其所好"的过程中"收买人心"、拉近关系。

第四节 网络思政情境下的高校辅导员与学生关系建构

"95 后""00 后"乃至"05 后"，或是伴随着网络的发展成长起来的，或是受网络影响较大的一代人。他们生活的方方面面都离不开网络，有些人甚至因为过度依赖网络而染上网瘾。网络真如一张大网把学生们牢牢笼罩起来；又如万花筒一般绚烂多姿，吸引着学生沉迷其中。既然网络的吸引力如此之大，何不利用网络开展思想政治教育工作，让网络成为联系辅导员与学生的桥梁呢？围绕学生的真实需求，考虑到新时代背景下新技术的发展特质，如何结合学生兴趣和社会热点开展网络思政工作已成为思政工作者认真思考的问题。在网络思政情境中，辅导员可以借助网络贴近学生的日常生活，了解学生所思所想，占领网络思政阵地，在轻松和谐的氛围中引领学生成长，自然而然地构建好与学生的关系。

一、网络思政情境中辅导员的作用

高校的思想政治工作历来受到党和国家的重视，习近平总书记在全国高校思想政治工作会议上就指出："要运用新媒体新技术使工作活起来，推动思想政治工作传统优势同信息技术高度融合，增强时代感和吸引力。"互联网丰富了信息传播的方式。通过网络获取信息、满足生活所需已成为大学生的常态。新媒体、自媒体在数字技术的加持下也被赋予了新的力量。人手一支"麦克风",网络使发声更加容易,但也成了很多不良信息的散播地;加之网络又是舆论聚集的发酵地,网络舆论的风向会影响到大学生对事件的态度取向,甚至对其世界观、人生观和价值观也会造成一定影响。因此,辅导员需要把握好网络思政阵地,发挥网络在舆论导向方面的积极作用,输出思想政治教育内容,实现教育目的。"微"媒介的出现也让辅导员能更贴近学生的日常生活,通过"微"媒介,思想政治教育的形式可以更加丰富,辅导员与学生接触的机会也更加多元。辅导员是教师的同时,也是网上的好友,与学生沟通的阻碍进一步减少。总之,将网络利用好,辅导员可以开展更优质的思想政治教育活动,与学生的距离也会进一步缩短,与学生的和谐关系就能够在不知不觉中建构起来。

(一)利用新媒体平台占领网络思政阵地

谁赢得了网络,谁就赢得了青年。教育领域因互联网发生了深刻变革,在教学形式实现多样化的同时,教育方式的改进也随之进行,"互联网+"与思想政治教育工作结合生成的"网络思政"便应运而生。从高校育人的角度要辩证看待网络对于大学生成长的"双刃剑"作用,克服其中的不利因素,发挥网络在思想政治教育中不可替代的作用。随着国家"清朗"系列专项行动的开展,净化网络环境、严惩网络乱象已经上升为国家层面的专项整治行动,这也说明了营造良好网络环境的重要性。网络上不良的言论会给学生带来误导,产生不利的影响;如果通过网络向学生输出积极向上的价值观,那么网络也将会成为开展思想政治教育工作的有力工具。在价值取向五花八门的时代,如何占领网络思政阵地,用好"网络"这把双刃剑,学校和辅导员是关键。在信息洪流中,学生更加需要理想信念方面的引导,方能坚守住正确的"三观"。

(二)融入学生群体之中获得一手资料

网络社交是在大学生中非常流行的一种交友形式。一方面,通过网络可以随时随地和曾经的同学、朋友聊天,保持彼此间的友谊,避免了传统通信方式不便的弊端;另一方面,通过网络可以结交新朋友,很多面对面交友时容易产生的羞怯、自卑等心理在线上的交流中都会有所缓解。随着高等教育大众化趋势的快速发展,大学生网络交友在各领域的青年群体中得以普及。与此同时,网络社交也暴露出种种弊病,不良信贷、电信诈骗等事件频发,成为当前社会各界广泛关注的焦点。因此,需要辅导员以"网友"的身份融入其中,真实了解当前学生中流行的话题是什么、他们关注的热点问题是什么、他们对时事新闻的态度是什么、有没有不良信息在他们的生活中传播、互联网有没有对他们造成不良影响……根据学生的思想和行为动态来开展思想政治教育,确保各项工作开展得讲时效、有实效、更高效。

（三）开展线下活动与线上教育成果互补

尽管线上教育有诸多优势，但要特别说明的是，线上的教育活动是无法完全取代线下教育活动的，两者可以互为补充。开展线上教育活动是一种因时而异的选择，是互联网、新媒体飞速发展下才能够实现的新型工作方法，也是不可抗力因素影响下的必然选择。网络思政也是由这种技术促生的思想政治教育新模式。假设网络技术被新技术取代，那么网络思政也无法独善其身。鼓励开展线上思想政治教育活动并不意味着放弃线下的传统的思想政治教育模式依旧有许多优势和值得借鉴的经验，日常的思想政治教育工作仍旧有延续这一形式的必要性，开展线下活动可以在一定程度上补充线上教育的成果。以谈心谈话为例，虽然通过网络交流可以说出面对面时不易讲出的问题，但是面对面交流时，学生的神情举止能反映出一些问题，为辅导员进一步开展工作提供参考。再如，很多线下活动都以集体活动的方式开展，可以提升年级、班级的凝聚力，有利于培养学生的合作意识。

（四）为思想政治教育拓展出更多的途径

在以人民为中心的发展思想下，教育工作应该追求人民满意、回应人民期待、满足人民需要。新中国成立至今，尤其是恢复高考以来的 40 余年，我国高校的校园环境和人才培养模式发生了很大变化，大学生的校园生活也变得更加丰富多彩。随着高校学生数量的不断增加，新生代青年学生的个性化逐渐增强，高校日常的教育管理中出现了亟待解决的新问题，使得学校从事相关工作的教师和其他工作人员都面临了很大的压力与挑战。这对高校提出了更高的要求，需要借助新的技术、引入多样化的手段引导学生顺利度过大学生活、实现自我发展。因此，在网络思政的情境之下，辅导员要充分利用好各种移动终端 App、网络平台等，通过大数据分析统计学生的各类情况，高效快速地提取所需信息，打破辅导员与学生之间的界限；根据当前青年学生的特点和思想政治教育规律，结合高校学生教育管理工作的新要求，因事而化、因时而进、因势而新，探索出更为丰富的思想政治教育途径，掌握思想政治教育的话语权。

二、网络思政情境下辅导员与学生关系建构的要点

网络思政的优势无需赘言。因此，辅导员要树立新的思想政治教育理念，积极接纳网络思政并为我所用；借助 QQ、微信、微博等"微"媒介，让思想政治教育，更加贴近学生的实际生活；利用大数据等新技术，做好学生各项数据的分析，让管理与服务工作更加精细化；在教育过程中注重保护学生隐私，保护好学生在网络空间中的私密性。

（一）树立新理念，积极接纳网络思政

网络思政相比于传统的思想政治教育模式有着诸多不同，甚至对传统的思想政治教育造成了一些冲击；因此，需要辅导员顺应网络时代教育改革的趋势，转变以往的教育观念，树立网络思政的新理念。网络时代信息的迅速传递催生了以青年为主的互联网用户群体，实际上这为加强青年的思想政治教育提供了一个良好契机。在净化过的网络舆论环境中，有无数的资源和渠道蕴含其中，可以帮助辅导员进行思想政治教育。辅导员可以通过学生常用的媒介传播正确的价值观念。有些青年学生常用的网络平台，成了各类社会思潮输出的常用渠道；辅导员可以在此类平台上发布思想政治教育的相关内容，削弱其他错误社会思潮的冲击。

（二）借助"微"媒介，贴近学生实际生活

辅导员使用 QQ、微信等社交软件和学生保持日常联系。当遇到难以面对面沟通的话题时，辅导员可以借助网络平台，让学生在一个相对轻松的氛围中表达出来。此外，"表白墙""树洞"等通过在网上匿名留言抒发内心想法的方式也在学生中广为流行，辅导员可以通过留言内容及时发现学生存在的问题，进而有针对性地进行开导；师生间的距离可以拉近但又不破坏边界感，易于建立了良好的信任关系，学生再遇到问题时也十分愿意继续与教师沟通。在匿名线上沟通中，即使学生并不愿意透露自己的姓名，教师也可以通过网络聊天直接对其开展相关教育活动，尤其可以用这种私密的方式做好学生的心理健康教育工作。在线上教育遇到较为突出的问题时，辅导员可以由点及面，通过班会、年级大会等形式对学生开展集中教育。通过一系列的"微"媒介对学生进行"微"教育，使教育内容和教育方式都能够更加贴近学生的日常生活。

（三）利用新技术，精准管理服务学生

网络在学生教育管理中发挥作用的空间很大，利用大数据等技术可以监测分析学生的一些生活状况或心路历程。目前，很多高校已经建立了基础的校园信息化平台。除了通过平台进行基础的教学活动外，该平台可以统计学生在校的消费情况、进出宿舍时间、离返校时间等，为辅导员开展学生教育管理工作提供了很多便利。以离返校时间为例，当学生请假离校后未按照系统规定时间返回学校时，辅导员可以及时和学生联系，确保学生的人身安全。一些高校在此基础上进一步构建了一体化的大数据系统，创新学生教育管理模式，将多项数据串联起来，综合分析学生情况。例如，辅导员可以通过校内平台掌握学生是否在校，了解其每天回寝时间，可保证与学生及时沟通、了解情况；再如，通过学生在食堂的消费情况分析学生的经济情况，用于判断是否需给予学生一定经济补贴。

（四）润物细无声，注重保护学生隐私

互联网为每个人都提供了一些私人的空间，但是这一私人空间的私密性却没有得到充分保障，个人信息泄露、个人隐私被恶意传播、用户人身财产安全受到威胁等弊端的存在让互联网用户心存担忧。在网络思政中，辅导员同样需要注意规避这些风险，防止好心办坏事。思想政治教育的效果往往是潜移默化的，对一个学生思维观念的塑造需要以润物细无声的方式默默影响着学生。思想政治教育并不需要大张旗鼓、声势浩大，对特殊学生的帮助、教育和开导要保密，保护好学生的个人隐私。例如，在家庭经济困难学生的帮扶过程中，要注意保护学生的隐私，不能让学生的自尊心因受资助而被伤害；可以采取直接向学生的校园卡中充值的方式，不公开补贴名单和具体金额，只是在每个月公示总体的财政收支情况。

第五节　多元文化情境下的高校辅导员与学生关系建构

随着我国国门的打开和国内人口流动的加剧，国别文化、地域文化、民族文化相互交融碰撞，中华文化便因其海纳百川的包容性而不断繁荣。文化具有多样性与平等性，在当前开放的环境下，各种文化都得到了进一步传播。对于当代大学生来说，外来文化、民族文化、传统文化、地域文化等都或多或少地对他们产生了影响，这种影响通过行为举止、风俗习惯、思维观念等表现出来，又在日常与其他师生交往时影响着他人。我国现处于相对和平的时代，但没有硝烟的文化战争在悄然展开，尤其是境外反华敌对势力企图通过文化入侵进行价值输出，妄图控制国民的思想。因此，辅导员自身应该保持清醒的头脑，在各种文化的碰撞中能够理性地进行思考，引导学生坚定文化自信、辩证吸收外来文化，促使学生在优秀文化中涵养自己的精神品质；同时，要了解青年群体的文化态度，建设积极向上的青年文化，做离大学生最近的人，和学生构建良好和谐的关系，与学生在新时代里共同奋进。

一、多元文化情境中辅导员的作用

从国别的角度看，当代大学生面对的是外来文化与本土文化；从时代的角度看，大学生面对的是传统文化与流行文化；从民族的角度看，大学生面对的是本民族文化、其他民族文化与中华民族文化；从地域的角度看，大学生面对的是当地文化与外地文化。由于这些文化之间存在差异，辅导员需要坚守中华民族文化立场，带领学生坚定文化自信，将传统文化教育与流行文化元素相结合，让中华优秀传统文化能够焕发新生机；在与少数民族学生交流时，要厘清中华文化与民族文化的关系，铸牢中华民族共同体意识，推动学生们相互交

流，帮助其融入、适应校园生活。

（一）坚守中华文化立场，带领学生坚定文化自信

无数事实证明，中国青年学子的爱国之心是坚定的，但这并不意味着我们可以放松对外来文化入侵的警惕。辅导员自身要坚守住中华文化立场，把握契机，加强对学生的爱国主义教育，带领学生坚定文化自信。在西方资本与文化输出的冲击下，我国青年中一度产生了崇洋媚外的现象，如喜食洋快餐、爱着外国衣，认为进口货才是优质品。近些年，伴随着兴起的国货热潮，很多国货又成了时尚的代名词，大学生对国货的热情不亚于曾经对热门进口产品的追捧。在境外敌对势力恶意抹黑中国时，青年学生的民族荣誉感更容易被激发。2021年，由"新疆棉花事件"掀起的野性消费热潮就是有力的实例证明。辅导员可以把握好这些契机，让学生学会警惕外来文化的冲击，在文化碰撞中坚定文化自信。

（二）传承创新，让中华优秀传统文化焕发新生机

习近平总书记在文化传承发展座谈会上强调："在新的起点上继续推动文化繁荣、建设文化强国、建设中华民族现代文明，是我们在新时代新的文化使命。"新时代催生新事物，文化也会随着时代更迭而推陈出新。中华优秀传统文化在传承的过程中不断创新，才能在新时代焕发出新的生机；因此，辅导员可以将传统文化教育与流行文化元素相结合，让学生在追求流行文化的同时传承中华优秀传统文化。实际上，融合了现代元素的中华优秀传统文化在大学生中间很受欢迎。很多商家挖掘到中国传统文化中的宝贵元素，结合当下新的设计理念打造出一大批优质的联名产品，如北京故宫博物院联名的彩妆产品、敦煌市博物馆联名的文创产品，这些都深得青年学生青睐；通过产品向学生们宣传了中华传统文化，打破了青年对传统文化的刻板印象。辅导员可以借助学生的这些兴趣点，引导学生了解文物故事；也可以组织学生到博物馆参观学习，设身处地地感受中华优秀传统文化的魅力。

（三）厘清文化关系，铸牢中华民族共同体意识

伴随着民族地区教育水平的提高，越来越多的少数民族学生进入大学继续深造。在铸牢中华民族共同体意识这一主线下，各民族学生应该不断交往、交流、交融。汉族学生仍是我国大多数高校中的主体，少数民族学生占在校生的比例较少。由于民族文化的差异，其他民族学生的风俗习惯、行为方式等与汉族学生相比存在一定的差异。各民族学生在交往中容易产生矛盾。辅导员要引导学生厘清中华文化与各民族文化的关系，引导学生认识到各民族，都是中华民族大家庭中的一员，应该共同致力于维护民族团结，致力于铸牢中华民族共同体意识，坚定"五个认同"，努力成长为担当民族复兴大任的时代新人，"相互了解、相互尊重、相互包容、相互欣赏、相互学习、相互帮助，像石榴籽那样紧紧抱在一起"。

（四）推动各地学生相互交流，促进学生融入校园

我国幅员辽阔，各地的自然环境与人文环境都呈现出多样性，相对独立的生活环境造就了各具特色的地域文化。当地域文化不同的个人或群体相遇时，如何进行跨文化的交流就成了新的问题。文化贯穿了日常的衣食住行，在生活中无处不在，想要处理好不同地域学生的文化差异，首先可以从"吃"入手。民以食为天，"吃"是学生生活中不可或缺的环节；以家乡特产美食分享活动为起点，让学生有机会了解不同的地域文化。现实中大多数学生了解我国地域文化的途径只有电视、网络、报刊、图书等，而不是专业的学术途径或前往各个地区获取一手资料。因此，学生对地域间文化差异的理解并不深入，往往只了解表面的现象，对背后的原因并没有全面的认识。只有加强与来自当地的学生交流，学生才会慢慢理解对方的文化习俗，加强彼此间的交流，形成良好的人际关系，共同融入校园生活。

二、多元文化情境下辅导员与学生关系建构的要点

文化的多元性意味着必须处理好不同文化间的关系问题。面对文化背景各异的学生，辅导员首先要用平等的眼光看待学生，尊重学生的文化习俗，这是双方构建良好关系的前提；同时，也要处理好不同文化背景的学生之间的关系，在学生中营造出和谐友善的人际关系氛围。在这一基础上，辅导员还应该引导学生在各种文化的冲击中坚持中华文化立场，让学生在尊重、享受多样文化的同时能够明确什么才是自己应该崇尚、追求的文化，用优秀文化熏陶大学生，在文化育人中与学生建构出良好的关系。

（一）用平等的眼光看待学生，尊重学生的文化习俗

教育应该是有教无类，思想政治工作要体现"温度"，辅导员在工作中要用平等的眼光看待每一个学生。当辅导员与学生的文化背景各异时，辅导员的尊重、理解是双方进行友好交流的基础。当一个学生因文化习俗与他人不同而受到排挤时，辅导员应该对双方加强关心关怀，让学生在关爱中得到教育和引导，逐渐养成理性的思维方式和正确的价值观念。

（二）认清中国发展文化优势，增强学生的文化自信

世界各文明得以传承、发扬离不开交流与交融，这是文明生存发展的重要规律。中华文化绵延至今也离不开对其他文化的兼容并包。在全球化进程中，我国正不断缩小与发达国家间的差距。面对国外文化的入侵，我们旗帜鲜明地提出了"文化自信"，当前我国在国际上的文化传播能力十分卓越；但是在国内，如何做好本国文化的传承与传播也是重要的课题。我国有 56 个民族，独具特色的各民族文化汇成了绚丽多姿的中华文化，很多还成了国家非物质文化

遗产。文艺汇演是广大学生喜闻乐见的活动形式，也是能吸引多数学生参与的活动形式；辅导员可以借助文艺汇演的平台向学生们展示、传播我国的优秀文化，增进学生对我国文化的了解，在身临其境的感受中认清中国发展的文化优势、增强文化自信。

（三）处理好学生之间的关系，营造和谐友善的氛围

中华文化源远流长，华夏文明能在五千年的历史长河中绵延不断，离不开每个民族的贡献。"各民族共同开发了祖国的锦绣河山、广袤疆域，共同创造了悠久的中国历史、灿烂的中华文化。"在当今铸牢中华民族共同体意识的形势下，辅导员必须让学生清晰认识到中华文化是各民族文化的集大成，各民族都对中华文化作出了贡献；加强各民族文化交流融合，共筑中华民族共有的精神家园是大势所趋、势在必行。辅导员应该引导学生认识到各民族一律平等，都是中华民族大家庭中的一员，在日常的学习生活中要和睦相处、相互帮助、共同提高，在年级中形成和谐友善的氛围。

（四）用优秀文化涵育大学生，发挥文化的育人功能

所谓文化育人，就是以文化人、以文育人，用文化滋养心灵、涵育德行、引领风尚。优秀的文化能润泽人的心灵，引导人向善发展；不良的文化则会腐蚀人的心灵，误导人走向深渊。在思想政治教育中，要用优秀文化涵育大学生的德行，塑造大学生的品格，影响大学生的行为；内化于心、外化于行，发挥文化的育人功能，落实好立德树人这一根本任务。身处高校之中，辅导员最容易获得的就是校园资源，以校史、校训、校风等为主要载体，发挥校园文化的涵育作用，实现铸魂育人目的；以优秀校友为标杆，发挥先进典型的榜样作用，在学生中形成示范效应，传播正能量；以校园活动为契机，坚持开展特色活动，探索开展创意活动，让校园文化体现时代特征，鼓励学生努力成长为时代新人。

第六章

关于构建高校辅导员与学生良好关系的思考

"思想政治工作是一切工作的生命线。"做好大学生的思想政治工作，事关党的前途命运，事关国家长治久安，事关民族凝聚力和向心力。作为高校思想政治工作开展的骨干力量，高校辅导员要组织并实施好高校日常的思想政治教育和管理工作，针对大学生直接开展思想政治教育活动，对大学生产生积极的影响。由于辅导员工作内容的多面性和特殊性，加上当代大学生性格的个性化和思想状况多元化的趋势，传统的师生关系模式并不能完全适用于当代高校辅导员与学生。因此，应该探索构建良好的高校辅导员与学生关系，这有利于推进思想政治教育工作，从而更好地引领学生成长成才，为培养时代新人助力。

通过问卷调查和访谈调查可知，目前我国高校辅导员与学生的关系总体较好，双方基本能够融洽相处，但是具体到辅导员与学生个体间的关系却是因人而异。谈及构建辅导员与学生的关系，必须认识到当前还存在一些问题；例如，辅导员对和谐关系构建的重视不足，具体工作中辅导员无法兼顾与每个学生的关系，当辅导员与学生关系过密时会限制自己工作的开展，一些辅导员与学生的代沟阻碍了双方关系的构建。在思想引领、教学科研、第二课堂、数字时代、多元文化5个情境中，高校辅导员与学生关系建构的内容、要求都有所不同，需要调整思路，找寻新对策。

本章主要总结在调研基础上对构建高校辅导员与学生良好关系的思考。"工欲善其事，必先利其器。"辅导员在构建与学生的良好关系前必须做好准备工作，其自身完备的职业素养是与学生构建良好关系的基础；另外，这种良好关系的构建是因人而异、因势而异的，在具体的建构过程中要学会借助有力的媒介，逐渐建构起良好的关系。

第一节 完备的职业素养是构建高校辅导员与学生良好关系的基础

2014 年，教育部印发《高等学校辅导员职业能力标准（暂行）》，其中明确指出：辅导员应当努力成为学生的人生导师和健康成长的知心朋友。同时，全国高校思想政治工作会议、《关于加强和改进新形势下高校思想政治工作的意见》、《普通高等学校辅导员队伍建设规定》、《高校思想政治工作质量提升工程实施纲要》等一系列会议和文件充分表明了党和国家对高校思想政治工作、辅导员队伍建设工作的高度重视。进入新时代，我国高校思想政治工作得到了前所未有的发展，高校辅导员队伍建设的各级制度日臻成熟，高校辅导员队伍的政治素养和职业胜任能力不断提升。

辅导员的职业素养是一个复杂的体系，不仅包含了辅导员的思想政治素养、工作业务能力，也包含辅导员的"四心"——爱心、诚心、耐心和责任心。作为思想政治工作者，思想政治素质的必要性与重要性毋庸置疑，只有自身思想政治素质过硬才能够拥有对学生开展思想政治教育活动的底气与能力；工作业务能力是顺利开展思想政治教育工作的重要保证，需要具备有关理论知识和实践技能，同时也离不开在日常实践中积累的经验。除此之外，辅导员还应该有"四心"；简单说就是用心关爱学生的成长发展，对学生真诚相待，在教育引导学生的过程中有耐心，对待工作、对待学生有责任心，把学生的事情放在心上。完备的职业素养既是对辅导员自身的要求，也成了构建高校辅导员与学生良好关系的基础。

一、思想政治素质

思想政治素质是辅导员职业素养的核心。无论教育如何变革，辅导员所肩负的思想理论教育和价值引领职责都不会改变；若是辅导员的思想不正，其在现实的实践中也很难行得正。辅导员从事的是思想政治教育工作，思想理论教育和价值引领在辅导员的 9 项工作职责中居于首位。"打铁还需自身硬"，辅导员自身思想政治素质必须过硬，才能在学生中站稳脚跟，有底气对学生开展思想理论教育和价值引领工作。辅导员在开展思想政治教育时需要"惩恶扬善"，引导学生辩证看待问题，逐渐形成并能够维持正确的世界观、人生观和价值观，在之后的人生之路上才不会"走弯路""走歪路"。

不论是家庭教育还是学校教育，都强调教育者自身不能出现问题。假设一个家长总是失信于孩子，那他如何要求孩子做到诚实守信呢？假设一个教师的知识水平欠佳，那怎么能教出学识渊博的学生呢？同样，如果一个辅导员自身思想上出现了问题，无法行得端、坐得正，又如何要求学生提高自身的思想道德修养，学生们如何能信服他呢？所以，辅导员自身的思想政治素质必须加强，不管是面对大是大非问题，还是细枝末节问题，都能够准确判断、做好决策。当前，我国正处在百年未有之大变局中，面对层出不穷的新情况、新问题、新挑战，辅导员只有用科学的理论武装头脑，才能在风云诡谲的意识形态领域中站稳脚跟。立德树人是教育的根本任务，解决好人的思想问题是教师开展教育活动、学校进行人才培养的根本。"其身正，不令而行；其身不正，虽令不从"，辅导员只有先把自己的思想问题解决好，才可以担负得起思想理论教育和价值引领的职责；从而解决学生的问题，把大学生培养成有理想、敢担当、能吃苦、肯奋斗的新时代好青年。

辅导员在开展工作的过程中，必须保持较高的政治理论水平，并将政治理论用以指导实际工作；用恰当的方式并辅之以现代技术手段，对学生进行思想政治教育。在对学生进行教育时，辅导员会在潜移默化中将自身认同的思想政治理论、价值观念传递给学生，通过在思想上引领、打动学生，逐渐拉近与学生的距离。辅导员通常是大学生入学后接触的第一位教师，往往也是最容易获取学生信任的教师。这第一位教师的言行举止很可能极大地影响着学生对大学生活的整体印象，恰当的言谈举止、正确的价值观念都能够对学生产生正向的影响，而且还是长期的影响。在后续的大学生活中，基于所建立的信任关系，很多学生都会把辅导员作为自己遇到问题时的求助对象；辅导员自己若是"走歪路"，那学生也很容易"被带偏"。

当前，大学生的思想道德修养整体偏好，但我们也必须承认在整体偏好的背后还有许多隐患。如果不能及时纠正，即使是很小的问题也可能造成"千里之堤，溃于蚁穴"的悲剧。因此，必须要加强对大学生的思想政治教育，既要解决已有的问题，也要保证其不会因错误思想的蛊惑而变质，不断提升其思想道德修养。

二、工作业务能力

辅导员主要有9项工作职责，要履行好这9项工作职责就必须要有强大的工作业务能力，这是思想政治教育工作的顺利开展的基础保障。培养辅导员的工作业务能力需要通过学习与培训提升有关理论知识和实践技能，还需要在长年累月的工作实践中积累工作经验。知识、技能、经验共同决定了辅导员的工作业务能力。

"要练惊人艺，须下苦功夫"，辅导员工作业务能力的提升离不开个人的付出与努力。对于很多辅导员来说，理论知识的获得是一个艰难又枯燥的过程。

当前，我国学界对于辅导员的专业问题的讨论大致可分为三派：一派认为，辅导员的专业要与学生的专业对口，这样便于辅导员开展学风建设、职业生涯规划和就业指导等学生教育管理工作；一派认为，辅导员工作与辅导员的专业关联性不大，辅导员工作不受专业限制，凡是有一定相关工作能力的人都可以从事这项工作；还有一派认为，应该设立一个独立的专业，专门培养从事辅导员这一职业的人才，推动辅导员队伍向职业化、专业化发展。综合前期的调研可知，辅导员的工作情况会受到自身专业的影响。辅导员专业与所带学生专业对口，或辅导员自身专业与思想政治教育工作有交叉，这两种情况对辅导员开展工作都大有裨益。在我国高校当前的学科体系中，与辅导员工作最接近的是思想政治教育专业；但现实中的很多辅导员并不毕业于这一专业，有的还与此专业相差甚远，使得辅导员在理论知识学习时常常一筹莫展。一方面，理论学习的内容与其知识背景差异较大，在学习时只能零基础起步，可谓是困难重重；另一方面，理论学习的内容相对复杂，需要扎下心才能学深悟透，而辅导员有繁多的日常工作。

在实践技能方面，由于当前并没有专门培养辅导员的专业，无法在学科教育中培养辅导员的实践技能，只能通过职业培训来加以培养，以及通过工作实践来逐渐锻炼。实践技能的养成同样离不开理论学习的支持，没有了理论的指导，只靠实践慢慢摸索也是不可行的。在全国高校思想政治工作会议上，习近平总书记特别强调高校思想政治工作队伍要"强化实践锻炼"。对辅导员的培训要注意理论学习和实践技能增长的平衡，帮其打破实践经验缺乏的限制。

早期在选拔"政治辅导员"时，我国就要求要具备一定的政治工作经验。辅导员的工作经验和生活经历对其处理与学生的关系有着重要的影响。辅导员与学生的同龄朋友相比，其优势之一就是处理问题的经验丰富，能帮助学生更好地解决问题。实践经验的缺乏会限制辅导员的发展。在现实的工作场景中，辅导员可能要面临一些突发情况，单凭理论知识和实践技能可能无法完善处理这些情况。这就需要辅导员平时加强对工作规律的总结，逐渐积累经验，在面对突发情况时能够依靠经验及时做出判断并妥善处理。

三、"四心"：爱心、诚心、耐心和责任心

辅导员要有"四心"——爱心、诚心、耐心和责任心。在具体的工作中，就是要心中有爱，用心关爱学生的成长发展。能够时刻保持一颗真心，在和学生相处时能够以诚相待。在教育引导学生的过程中，尤其是在对待学生的错误、问题时要有耐心，不能有畏难情绪或轻言放弃。辅导员工作责任重大，直接影响着学生的成长。因此，辅导员对待工作、对待学生要有责任心，时刻把学生的事情放在心上。

陶行知先生曾说过："没有爱的教育将会使教学枯燥，像山泉枯竭一样。"亲其师才能信其道，辅导员若没有了爱心，其对学生的教育将会是冷冰冰、硬邦邦的。缺乏了温度的教育只会加深辅导员与学生之间的隔阂，让两者的距离越来越远。大学生的思想政治教育有一定的特殊性，大学生在校期间除了要学习，还需要处理一些其他问题，如生活、情感等。很多学生除了学习之外，缺乏处理其他问题的经验，在上大学之前往往也只需要处理学习问题就好，当在大学里遇到学习之外的问题时会无助迷茫。一些学生还存在心理健康问题，就需要辅导员带着爱心去化解，全方位地关爱学生。

互联网中有这样一句流行的话："真诚是永远的必杀技。"这本来是用于评价网络游戏中的招式，逐渐被演变为讲述一种为人处世的态度，即只要足够真诚就能收获最真实的情感。在人与人的相处中，真诚是最重要的，真诚可以拉近人与人的距离。在辅导员工作中，真诚同样是必杀技。当辅导员足够诚心诚意时，学生自然会向其"投降"，被其真诚打动；从而愿意与辅导员接近，愿意信任、尊重辅导员。保持一颗赤诚之心，辅导员才能"降服"学生，收获与学生的深情厚谊。

"爱生如子"常用以形容教师对学生的关爱就像关爱自己的孩子一样，很多辅导员也常常称自己的学生为孩子。既然是孩子，那么在陪伴孩子成长的道路上，作为家长的辅导员就需要有足够的耐心。当学生犯错误时，或是重复犯同样的错误时，辅导员要耐心教育引导，不能因其不知悔改而放弃；当学生失意时，辅导员要耐心开导，陪学生逐渐走出阴霾；当多项工作堆积如山时，辅导员要耐心处理，而不是为了完成任务从而敷衍了事。辅导员要有耐心，吃得了工作中的苦，也能等来"孩子"成长带来的甜。

责任心是一个人应具备的基本素养，从事任何工作的人都应该保持强烈的责任心，为顺利完成工作提供一种基础的、重要的保障。辅导员工作关联着学生在校学习与生活的方方面面。辅导员的责任重大，倘若工作中稍有不负责的行为，都有可能对学生造成不利的影响。辅导员也是学生的一面镜子，若辅导员自己工作不负责任，如何要求学生骨干在工作时认真负责呢？其学生在踏上工作岗位后会不会也像自己的辅导员一样对工作毫不负责呢？辅导员保持责任心既能保障工作质量，又能为学生树立榜样。

第二节　高校辅导员与学生间良好关系的构建要因人而异

我国高校辅导员与学生的关系总体上是良好的，双方之间基本能够和谐相处，保持融洽的关系；但是具体到个人，每个辅导员和每个学生的关系则不太一样，呈现出因人而异的特点。若辅导员开展工作时能够关注到大部分学生的感受，便能与学生做好互动，提升学生的幸福感。与辅导员关系良好的学生通常也会积极配合辅导员的工作，体恤辅导员的付出与辛苦，会主动把自己在校的喜怒哀乐与辅导员分享，也愿意接受辅导员的批评和建议。同时，有一些学生和辅导员的关系并不乐观，即使辅导员足够关心学生在校的学习与生活，学生可能也并不领情，无法与辅导员融洽相处。要认清并正视高校辅导员与学生的关系是因人而异的这一现实，结合学生的个人特点与之建构关系，尽力推动高校辅导员与学生关系正向发展。

一、辅导员要与学生保持适当的距离

每个学生的性格特点都有所不同，没有任何一种相处方式是放之四海而皆准的，这就要求辅导员必须因人而异。辅导员要把握好尺度，找到与学生相处时的适当距离，在恰当的距离中与学生相处并形成良好关系。

倡导构建高校辅导员与学生的良好关系，这就意味着辅导员与学生应保持适当的距离过远的距离可能是因年龄、生活经历相差较大而造成的代沟，也可能是情感、态度、行为差异而带来的心理距离。辅导员和学生的距离过远，两者将很难真诚交往，更不要谈及构建良好的关系。所以，辅导员要主动和学生接近，降低自己的姿态，避免高高在上，以平易近人的方式和学生多多交流，了解学生的心声；还可以通过集体活动等形式创造和学生增加接触的机会，和学生在集体协作中消除双方之间的隔阂。除此之外，幽默的语言、恰当的时机、有利的媒介，这些都能够帮助辅导员和学生沟通。辅导员要时常和学生在一起，努力贴近学生，避免因距离太远而脱离学生群体，应逐渐成为学生的知心朋友。

辅导员要和学生建构良好的关系，并不是说辅导员要和学生亲密无间。辅导员虽然是大学生成长路上的知心朋友，但这个"知心朋友"并不等同于惯常概念中如胶似漆、无话不谈的好朋友。辅导员和学生在思想政治教育的场景还是应该分别扮演好各自的角色，在相处中保持边界感，避免"朋友"的身份限制了思想政治教育工作的开展。在辅导员工作中，如果"朋友"之间关系甚密，那么辅导员在管理学生时会有诸多阻碍，容易因关系放弃原则，对一些学生过度宽容。同时，学生也会更容易了解辅导员的喜好、情绪、优缺点等情况，在相处时可能会对辅导员投其所好，辅导员反而不易察觉学生内心的真实感受。所以，辅导员要做的是一个特殊的"知心朋友"，要注意维持住学生对辅导员的敬畏感，促使学生遵守学校的相关要求与规则。

总而言之，辅导员与学生之间的距离应该是恰到好处的，既不能太近也不能太远。如何把握适当的距离是辅导员在建构良好关系时应该思考的问题。太近时学生容易忽略规则，辅导员也容易动摇自己的工作原则；太远时辅导员又容易脱离学生，无法获得学生真实的思想动态。要在远近之中找到一个适合的位置，从而建构出一种良好的关系。

二、不强求与每个学生都能关系融洽

"强扭的瓜不甜"，尽管要努力构建高校辅导员与学生的良好关系，但是具体到个体间的关系中，这就成了一个美好的愿望。在面对不同学生时，良好关系并没有永恒的标准。良好的关系不必须是融洽的关系，所以辅导员不必强求自己和每个学生都能关系融洽。对于一些学生来说，在校学习只是其人生中的一个阶段，辅导员只是陪同他走过这个阶段的同行者；待这段路走完之后，辅导员便成了其人生路上的过客，从此不再联系。这些学生并不看重自己和辅导员的关系，辅导员在与之建构关系时可能会"吃闭门羹"。还有一些学生，因为个人的思维观念与辅导员不符，所以并不愿意和辅导员接近，这也是人之常情。因此，辅导员要做的是尽心、尽力地处理好和学生的关系，做到尽力而为，真心实意，问心无愧。

很多辅导员都曾遇到过这样的问题，明明自己对学生尽心竭力，可是学生并不领情。除了辅导员的工作方式可能方法不当之外，学生自身的因素也会形成影响。对于一些学生来说，出于逆反心理，会本能地抵触教师和家长，对他们的话充耳不闻。在这种情况下，辅导员很难和学生构建出和谐融洽的关系，如果能削弱学生因逆反而产生的抵触情绪，让学生愿意听一听辅导员给出的建议，那么这也是双方关系建构的一大进步，这就已经是一种良好的关系。所以，辅导员在判断自己和学生的关系是何种状态时，不必将关系融洽作为绝对的标准，不要强求让每个学生都能够满意。凡事不求尽如人意，但求无愧于心。人都有优缺点，辅导员也无法成为一个完美无缺的人。当面对学生的不满、与学生产生矛盾时，辅导员要及时反思自己；若是自己的各项做法符合学校规定，有利于学生的成长成才，能够获得大部分学生的理解就是合格的。辅导员要学会给自己"松绑"，不苛求自己与学生和谐融洽的关系，避免工作压力过大影响自身的身心健康。

现实中也存在另一种情况，就是学生本身并不重视自己和辅导员的关系，所以并不会注重与辅导员构建良好关系。当辅导员试图与之沟通交流，希望建构良好关系时，学生可能并没有这种意愿。这并不代表学生对辅导员心存不满，其只是认为没有和辅导员亲近的必要，这一些学生在校时会尊重辅导员，理解、支持辅导员开展工作，有事情会正常和辅导员沟通，但毕业后也不会继续联系。对于这种情况，辅导员也应该尊重学生的想法，不必强行参与学生的成长成才过程，只对其开展必要的思想政治教育活动，要求其在校时遵守相关的法律法规和校规校纪，在学生需要时伸出援手即可。

与此同时，有一部分学生会因为与辅导员的思维观念不同，而对一些年级活动、工作表现出厌恶的态度。其本质上是对事不对人，并不是对辅导员有意见。例如，辅导员在周末组织了趣味运动会，希望给学生们一个相互接触的机会，提升集体的凝聚力，让学生们在学习之余能放松身心。对此，有的学生认为这个活动占用了周末的个人时间，不愿意参加。这种拒绝并没有就此否定了辅导员的个人品质与工作能力，因而不能表明辅导员和学生的关系不好。

综上所述，辅导员和学生良好关系的建构应该是恰如其分的。辅导员无需追求和每个学生都能融洽相处，只要能够达到思想政治教育的目的，在过程中能够和学生坦诚相待、问心无愧即可。

三、双方都舒服的关系才是良好关系

关系的建构是关联双方的事。在任何人与人的相处模式中，只有双方都觉得舒服，那才是良好的相处模式。高校辅导员与学生良好关系的构建就是涉及辅导员和学生双方的事，他们之间的良好关系应该是双方都认可的良好，不可以是只有一方感觉好而另一方却无感，更不可以是一方感觉好而另一方却感到备受煎熬。要建构高校辅导员与学生间的良好关系，就应让双方都在这段关系中感到舒服而不是感觉被束缚，双方能够在轻松的氛围中相处。这种关系并不意味着双方亲密无间，事事意见一致，而是双方在这段关系中都能自愿、自然、自得其乐、被尊重且不被束缚。

在一些辅导员和学生的关系中，可能存在这样一种现象。辅导员认为自己和学生的关系很好，能够和学生无话不谈，可以和学生互相吐露心声；但是，学生并不把辅导员当成知心人，有时候也不愿意向辅导员说实话。究其原因，当辅导员把学生当成朋友之后，有时候会向学生倾吐一些自己的负面情绪，把一些心里话告诉学生。虽然和朋友吐露情绪是无可非议的一件事，但是辅导员还需要扮演教师的角色，有些话不应该由教师向学生吐露。从学生的角度来看，其并不愿意分担辅导员的负面情绪，同时有些知心话的内容也并不适合告知学生。再者，学生可能在辅导员面前掩饰了自己的真实想法，他们的"谎言"让辅导员误以为自己和学生的关系很好。在这段关系中，辅导员怡然自得，但是学生内心并不舒服。同样，有时候也会出现学生认为自己和辅导员关系很好，但是辅导员并不认可的情况。这些都不是良好的关系。

前文提到，一些专职辅导员既要分管学生工作，又肩负着教学任务，日常工作繁重。兼职辅导员既要学习又要工作。两者都可能对与学生建立和谐关系缺乏重视。对于专职辅导员来说，他们往往身兼数职，工作压力大，容易产生职业倦怠，在与学生构建关系时可能疲于应付；对于兼职辅导员来说，他们有繁重的学习任务，在辅导员工作上花费的时间与精力都相对较少，很多工作都是完成即可，他们中的很多人根本无暇顾及与学生的关系问题。辅导员虽然不必强求和每个学生都能关系融洽，也很难做到与每个学生都能和谐相处，但是在与学生建构关系的时候也要扪心自问："我是真诚的吗？是真的想和这个学生建构一种良好的关系吗？"人有喜好与厌恶，辅导员可能会喜欢或者讨厌某个学生。如果辅导员自己并不是真诚地想和一个学生建构融洽的关系，那么只需要保持正常的工作交流即可，不要强迫自己和这个学生融洽相处；否则可能适得其反，伤害学生对辅导员的真情实感，甚至破坏双方原有的关系。

总的来说，高校辅导员与学生间良好关系的构建要寻求双方的舒适感，即双方在这段关系中都能够感到舒服。这种舒服的关系并不是要求双方如亲人般亲近、如朋友般亲密，但是在相处的过程中，彼此都可以理解、尊重对方，真诚相待。只要双方都认可这段关系是一种良好的关系，能够在一种轻松自然的氛围中相处，便是一种良好的关系。

第三节　高校辅导员与学生间良好关系的构建要因势而异

高校辅导员与学生间良好关系的构建不仅表现出因人而异的特征，在具体建构时也要注意因势而异。根据所处的情境、双方关系发展的趋势来及时调整构建的方式和具体的关系。当前，我国高校的辅导员制度由早期军事院校中的政治指导员制度生发而来，在不同时代、不同育人目标下体现出了不同的教育管理特点，辅导员与学生的关系也随之发生了相应的变化。发展至今，辅导员在我国高校学生工作中的角色定位并不是一成不变的，因而辅导员与学生的关系也是多样的。例如，双方可以是师生关系，同时也可以是朋友关系。除此之外，辅导员与学生的关系并不是恒定的。在不同的场景下，辅导员和学生的关系也可能会发生变化。因此，构建高校辅导员与学生间的良好关系要因势而异，可具体体现为双方关系的时代性、多重性和情境性。

一、辅导员与学生的关系具有时代性

在第一章中，本书将我国高校辅导员制度的发展演变详细地划分为 8 个阶段，时间跨度为 1933 年至今，不同阶段的高校辅导员制度体现着不同的时代背景，对辅导员的工作内容、身份定位、岗位职责等的规定也相应变化。在这一制度的发展变化之下，高校对学生的管理要求也逐渐由绝对严格发展为科学合理，辅导员对学生的态度也由不苟言笑慢慢转化为和蔼可亲，在"严管"的同时也不忘注重对学生"厚爱"。辅导员与学生的关系在这一系列的发展中也悄然发生变化，从以往严格的上下级到如今的平等化；这种变化的背后反映的

是国家发展的时代背景、高校人才培养的目标、社会对人才的需求变化。因此，辅导员与学生的关系就具备了时代性特征。在未来，辅导员和学生的关系同样会受到时代背景的影响，从而发生变化。

军事院校中的政治指导员是我国高校辅导员制度的源头所在。军事院校参照军队的管理办法，政治指导员和学员之间是上下级关系。军人以服从命令为天职，对于上级的要求，学员们通常就是执行。随着新中国成立后教育事业的恢复发展，普通高校也开始设立政治辅导员，既要求开展思想政治工作，又要求不能放松自己的业务工作。这一岗位主要突出的是政治性。政治问题是原则性、根本性的大问题，因此辅导员在教育引导学生时不容有一丝杂念。随后一段时间，高校政治辅导员制度被打乱。直至我国的高考制度恢复后，高校重新回到正轨，国家对高校思想政治工作的重视程度日益加深，高校政治辅导员制度也慢慢恢复了起来，其中的一些政策影响深远，沿用至今。我国高校政治辅导员制度在这一阶段得到进一步完善。然而，在 20 世纪 80 年代末期，国际国内政治形势的急剧变化，高校思想政治工作队伍人员流失，在一定程度上阻碍了我国高校辅导员制度的发展。虽然在这两个时期的发展起起伏伏，但很多高校选聘了一批青年教师和学生来从事辅导员工作，他们都有过学生阶段，更容易接近学生，更容易和学生融洽相处，以往辅导员"严师"的形象正在逐渐改变。从 20 世纪末至 21 世纪初，随着党和国家的进一步重视，辅导员队伍职业化程度逐渐提高，辅导员身份界定和工作职责进一步明确。在开展工作时，辅导员也慢慢注意到了与学生的关系问题，双方关系得到了改善。自党的十八大以来，在以习近平同志为核心的党中央领导下，高校思想政治工作飞速发展，高校辅导员制度走向成熟，高校辅导员队伍政治素养和职业胜任能力较以往都有了提升。辅导员越来越能够担当起人生导师和知心朋友的角色，在开展工作时也更注重处理好与学生的关系问题。

回顾我国高校辅导员制度的发展历程，不难发现辅导员的角色定位、工作职责在现在得到了进一步的明确；辅导员成了一个独立的职业；辅导员与学生的关系从严格的上下级过渡到正常的师生关系，随后慢慢发展为当前的多种类型。这种变化与当时的时代背景、社会环境、政策调整不无关系，在关系的更迭中展现出了鲜明的时代特征。

二、辅导员与学生的关系具有多重性

人际关系具有多重性的特征，即两人之间的关系往往不是单一性质而是多重性质。同理，辅导员与学生之间的关系也不是单一性质的，可以同时存在着多种关系。例如，双方可以是师生关系，同时也可以是朋友关系。在构建高校辅导员与学生间的良好关系时，不要将这种关系限定在某个视角下，而应该从不同的视角来看待这种关系，在具体行动时可采用不同的逻辑，进而实现辅导员与学生的良性互动，建构出一种良好的关系。

虽然本书将辅导员与学生的关系分为"亲如一家型""知心朋友型""德高望重型""夏日可畏型"4个类型，但实际上辅导员与学生的关系常常体现出多种类型共存的特点；往往是以某种类型为主，同时伴有其他一个或多个类型的特点。当辅导员和学生的关系如亲人一般的同时，他们之间的关系也可能体现出朋友关系的特点，但是这也不一定会影响学生们对辅导员的敬重之情或敬畏之感，都能实现一定的思想政治教育目的。例如，在组织指导学生参与社会实践活动时，辅导员与学生可以是师生关系，作为带队教师能够指导学生更好地开展实践活动；倘若这位辅导员在学生时代有着丰富的社会实践经历，那么他与学生还可以是前辈与后辈的关系，他能以过来人的身份给学生进行经验分享。这两种关系是同时存在的，而且都可以有助于学生更好地开展社会实践活动。若要分析或建构辅导员和学生的关系，不必拘泥在某一个单独的关系中，可以考虑以多种关系为参照，建构一个多种关系并存的综合关系体系，以最终实现思想政治教育的目的。

需要注意的是，虽然辅导员与学生的关系具有多重性，但是辅导员要注意分清主次，明确什么样的关系才是双方关系中最核心的关系。在这种核心关系下，明确有什么原则是不能被其他关系打破的，才能保证双方的关系不异化、不越界，确保思想政治教育的正当性。这个"正当性"有两层含义：一是合规律性和合法性，二是在合规律性和合法性的基础上具有正确性和肯定性。思想政治教育的正当性就是激发社会成员接受、认同、践行思想政治教育所倡导价值观念和规范要求的精神动力。在辅导员与学生的多重关系中，最核心的仍旧是师生关系。除此之外的其他关系，都要以师生关系为基础，其他关系的建立不能导致师生关系异化，更不可在师生关系中越界。

由于辅导员与学生之间关系的多重性，在建构双方的关系时，应该从多重角度来进行；通过多重关系来实现辅导员与学生的良性互动，最终建构出双方的良好关系，同时实现思想政治教育的目的。但是不论建构了如何多样的关系，都应该围绕师生关系这一核心来建构其他关系，不可异化或越界，确保思想政治教育的正当性。

三、辅导员与学生的关系具有情境性

高校辅导员在思想政治教育工作中的角色定位并不是恒定不变的，所以辅导员和学生的关系也并不是一成不变。在不同的角色定位之下和情境之中，辅导员与学生的关系也会随之发生变化，充分体现着情境元素在思想政治教育中的意义。从学校到社会、从线下到线上、从现实到虚拟，思想政治教育的情境一直在拓展，思想政治教育的途径方式愈发丰富，高校辅导员的角色形象也被塑造得越发饱满。推动着高校辅导员与学生良好关系的建构，注意把握其中的情境性，最终有利于实现一定的思想政治教育目标。

在上一章中，主要分析了思想引领、教学科研、第二课堂、数字时代、多元文化5个情境中的高校辅导员与学生关系的建构问题，希望为辅导员提供与学生建构良好关系的新思路。但是这5个情境仅是一些常见情境，而且多围绕着辅导员常规的事务性工作，即使辅导员没有处理经验，因情境的日常性和规律性，还是可以通过请教其他辅导员、查阅资料等形式比较顺利地解决。在实际的思想政治教育工作中，辅导员所面临的情境往往更为复杂多样，一些场景没有规律可循，很多事件又是突发的；这就需要辅导员在工作中不断探索，积累相关问题的处理经验，逐渐游刃有余地处理好每个场景中与学生之间的关系。

对于很多学生来说，辅导员是其大学生活中的知心人，成长路上的明灯，对其影响极大。常言道，良言一句三冬暖，恶语伤人六月寒。在一些特殊情境中，辅导员看似普通的一句话，对学生来说就是可以慰藉心灵的"暖阳"；而辅导员并非有心的指责也可能伤害学生的心灵。面对学生的喜怒哀乐情绪，辅导员需要稍作调整，及时和学生共情，能在学生分享喜乐时真诚地祝福，在学生情绪激动时耐心地劝解，在学生情绪失落时暖心地陪伴。辅导员在日常工作中，要面对各式各样的情境，扮演好各式各样的角色。当学生因取得了成绩而兴高采烈时，辅导员要如何在为其喝彩的同时，又能教育学生不要骄傲自满？当学生因与其他同学产生了纠纷而怒气冲天时，辅导员要如何在抚平其激动情绪的同时，又能引导其团结同学、宽容待人？当学生因为成绩退步、失恋等问题而黯然神伤时，辅导员要如何在抚慰学生心灵创伤的同时，又能帮助其重新振作？这些都是学生群体中常见的现象，辅导员在这些情境中显然不能只做一个开展学生日常管理工作的教师，还需要是能让学生分享心思的好友、能让学生信服的师长、能让学生信任的朋友。其关系也在相应的情境中从日常的普通师生关系转变为亲密的朋友关系、信任的亲友关系等。这就是辅导员与学生关系情境性的体现。

未来，思想政治教育的场景必然还会扩展，所以辅导员必须认清自己与学生的关系具有情境性这一特点。在开展思想政治教育时，要注意情境的变化并利用好情境的特点，及时调整自身定位和身份角色，从而和学生构建良好关系。在常见的情境中，辅导员通常能够根据自己所掌握的职业技能来处理好与学生的关系，且常见情境中良好关系的构建具有一定的规律性；而在突发情境中，辅导员既要注重平时处理问题经验的积累，更要及时反应，通过与学生建构起一些临时性的关系来更好地处理突发情境。

第四节　高校辅导员与学生良好关系的构建需要有力的媒介

媒介能够让人与人之间、人与物之间或者物与物之间产生联系。狭义的媒介指一种中间物质。广义的媒介可以是一种职位，也可以是某一个或某一类人，还可以是传播信息的渠道。构建好高校辅导员与学生良好关系是辅导员与学生双方共同作用的结果，但是这种良好的关系无法靠两人凭空建立，讲求的是天时、地利、人和；除了受到当事人个人因素的影响外，还需要在媒介的作用下推动实现。例如，在关键时刻拉近与学生的距离，在特殊场景下与学生共同面对，针对学生特点有技巧地打动人心，从而逐渐建立良好关系。辅导员与学生关系的构建会受到社会环境、校园环境、交流方式等多方面因素的影响。若是能够借助有力的媒介，找准关系构建的"桥梁"，高校辅导员与学生良好关系的构建将会更加顺利，其关系的稳定性也会有所加强。这种有力的媒介可以是环境、网络、书信、课外活动，也可以是中间人。在媒介的帮助下，辅导员能更好地和学生建构关系。

一、物质媒介：找到促进良好关系建构的催化剂

"物的媒介化主要表现为作为事件的物的媒介化。"物质媒介既可以是某个具体的物品，还可以是物质环境和事件等。物质媒介可以通过多种形式表现出来，对辅导员与学生的关系产生影响。以物品形式出现时，物质媒介可以是一本书、一瓶水、一颗糖；以物质环境形式出现时，物质媒介可以是某一能够影响到学生的环境或场所；以事件形式出现时，物质媒介可以是突发事件、特殊事件、课外活动等。辅导员在构建与学生的关系时，可以通过物质媒介来发挥促进作用，利用"催化剂"来"加速反应"，让双方能更好、更快地建立关系。

运用物品形式出现的物质媒介，往往需要投学生之所好或补学生之急需。辅导员在学生需要时出现，及时向学生提供所需要的物品，为双方建立关系打下良好的基础。在现实中开展工作时，物质媒介会被频繁地使用。例如，在学生参加完运动会的长跑项目后，辅导员为其送去一瓶水。辅导员此举平易近人，能体现出对学生的关心。学生感受到这份关心后，对辅导员的陌生感会大大减少。双方的距离随之拉近。又如，在学生的学习成绩取得进步时，辅导员可以送其一份小小的礼物，如一本书、一支笔、一个本子。礼物虽不贵重但是其中的价值却是不菲，饱含着辅导员对学生的肯定与鼓励，体现了辅导员对学生的关心与用心。学生在收到礼物后会受到鼓舞，从而会更有动力努力学习，辅导员便成了其心中的贴心人，双方的良好关系也逐渐建立。再如，当学生遇到经济困难时，辅导员可以帮助其申请一些临时性的经济补助，帮助学生渡过

难关。辅导员雪中送炭的举动可以直接拉近彼此间的关系，受到帮助的学生会信任、认可辅导员，日后也更可能支持、理解辅导员的工作。

以物质环境形式出现的物质媒介主要为一些特殊环境或场所。此时，辅导员与学生更容易建构良好的关系。例如，学生生病住院，辅导员无微不至地陪伴照料。在医院中，学生会倍感脆弱，而辅导员的出现就是一种安慰。医院便是一种物质媒介。

以事件形式出现的物质媒介多为特殊的事件或突发的情况，也可以是课堂活动、课外活动等。在这一事件当中，辅导员和学生有了近距离接触的机会，能够在相处中逐渐建立良好关系。例如，劳动教育是当前高校积极落实的一项内容。在劳动教育的过程中，辅导员带领学生体验多种传统课堂中所没有的劳动课程，与学生共同参与，陪伴学生从"小学徒"成长为"熟练工"。辅导员在共同参与、成长的过程中融入学生群体，和学生构建良好的关系。

在构建关系的过程中，物质媒介主要起催化剂的作用；以物品、物质环境、事件的形式，为双方关系的构建加速。因此，辅导员在开展工作时要善于发现、注重积累能够促进自己与学生构建良好关系的物质媒介，利用物质媒介拉近与学生的距离，建构良好关系。

二、人物媒介：觅得推动良好关系建构的中间人

辅导员与学生想构建良好的关系，除了辅导员与学生两方的参与外，还可以找中间人来促进双方的关系构建。不管辅导员与学生是素未谋面，还是认识已久，有时候拥有一位恰当的中间人更能推动他们建构出良好的关系。尤其是当辅导员和学生已经认识，但是还没有或未能成功建立起关系时，很可能需要"巧借东风"，让中间人发挥推动作用，帮助双方成功建构良好关系。

这里谈到的中间人，可以将其理解为中介。生活中常见的中介有房产中介、留学中介、婚恋中介等。中介掌握了甲方和乙方想要了解的所有信息，在双方之间发挥咨询、沟通、组织、协调等作用，可以避免双方因信息不对称而做出错误判断。据此进行推理，辅导员和学生在建构关系时的人物媒介便是要能统筹双方信息，在辅导员和学生之间发挥沟通、协调的作用，帮助二者成功建构良好关系。现实中，很多人都能够做这类中间人，如任课教师、其他学生、家长、学校其他教职员工等。走出学校范围，社会生活中的很多人也可以为双方牵线搭桥，如民警、社区工作人员、用人单位工作人员、第三方教育培训机构等。

在学校范围内进行分析，任课教师就可作为推动辅导员与学生建构良好关系的中间人。一些任课教师会向辅导员反映学生的课程学习情况和考勤情况，尤其是学业后进生的情况，希望辅导员能帮忙加强对这些学生的教育。在收到

任课教师的反馈后，辅导员通常会找学生进行面对面的谈心谈话，了解学生没有及时跟进课程或迟到早退的原因，从而有针对性地教育和引导学生。在谈心谈话和教育帮扶学生的过程中，辅导员可以进一步了解学生的内心想法和学习生活现状，理解并关心学生，渐渐建立良好的关系。在这一过程中，辅导员也能在一定程度上促进学生与任课教师之间的关系。通过辅导员，学生能够了解到任课教师对自己的关心。因此，辅导员也可以做推动良好师生关系的催化剂，辅导员与任课教师相辅相成。

大学连接了校园与社会，学生在这里可以初步了解、感知、接触社会。在这一过程中，同样会遇到一些人，成为推动学生与辅导员建构良好关系的中间人。学生常见的接触社会的方式有社会实践、兼职、教育培训等。在接触社会的过程中，他们可以学习知识、增强本领，但是也可能栽跟头，总之就是在得意与失意中成长。这期间，社会实践单位的工作人员、兼职单位的工作人员、教育培训机构的教师等都可以作为推动辅导员和学生构建良好关系的中间人。例如，一个学生虽然专业成绩不佳，但是在实践活动中却表现突出；通过社会实践单位工作人员的反馈，辅导员可以发现学生身上的闪光点，从而帮助学生发挥优势、补足短板，助力学生的成长与成才。学生被辅导员肯定后，也会提升对辅导员的好感，双方的隔阂逐渐打破，彼此间关系向好发展。

在辅导员与学生构建关系的时候，并不是只能有这两方参与，有时候中间人的出现更能推动他们尽快建立良好的关系。因此，辅导员要学会找对这个"中介"，依靠中间人的力量实现自己的目的。

三、渠道媒介：把握助力良好关系建构的支撑体

如果说物质媒介是关系构建中的"天时"，人物媒介是关系构建中的"人和"；那么渠道媒介就是关系构建中的"地利"，如桥梁一般支撑着双方来构建关系。有时候双方需要的是一架私密性强的"独木桥"，仅有双方参与，不受外界干扰；有时候双方需要的却是一架"立交桥"，以相对公开的方式、多名人员的参与来建构一种综合性、交互性强的良好关系。辅导员要结合学生的特点和实际情况，找准渠道媒介，助推辅导员与学生构建良好的关系。

"渠道"本来是指河、湖周边的水道，如河渠、水渠；现常用来比喻门路、途径。人际交往中的渠道可以是沟通、聆听、相处等，在不同渠道中，这些渠道又可以被具体分为多个类型。最常见的渠道媒介就是沟通，沟通的方式有很多种，如面对面沟通、书面沟通及互联网发展带来的线上沟通。通过沟通，辅导员和学生会加深对彼此的了解，有助于双方拉近距离，推动建构良好的关系。面对面沟通是辅导员和学生常用的沟通方式，谈心谈话就是辅导员日常事务管理工作的内容之一。书面沟通是一种较为传统的沟通方式，因为可替代性

强，在当前的师生沟通中已经不太多见。一些学生出于内向、羞涩等原因，不想与辅导员进行面对面的交流，通过写信、小字条等书面方式交流反而更容易表达自己的真实想法。随着互联网在高校的普及，线上沟通成了师生沟通的新方式，因其便捷性和私密性而深受欢迎。学生有沟通需求时可以随时随地给辅导员发送消息，不必担心自己的问题会被其他人知晓。当辅导员要与学生沟通时，也不会受到时间、地点的限制，能及时地和学生沟通。两者的关系，从"教师与学生"逐渐发展为"网友和网友"，双方之间的距离慢慢缩短，彼此之间的关系更为亲密。通过上述分析不难发现，渠道媒介在辅导员与学生良好关系建构的过程中发挥着支撑作用；只要找准合适的渠道媒介并加以利用，辅导员与学生关系的建构就会顺利很多。

在借助渠道媒介助力良好关系建构的过程中，辅导员需要考虑学生的特点来选定渠道。所选定的渠道不能给学生带来不便，让学生反感；否则这种渠道产生的作用可能会适得其反，不仅不能帮助辅导员建构与学生的良好关系，甚至还会使双方关系恶化。这是得不偿失的。如今，网络几乎是大学生们使用频率最高的一种沟通渠道。辅导员应该掌握并适应这种沟通渠道，通过网络缩短与学生的距离，了解并适当使用青年学生群体的话语体系，避免因双方理解偏差造成不必要的误会。除此之外，辅导员也可以通过聆听学生的心声、与学生朝夕相处等方式来与学生构建良好的关系。在聆听时要多听少说、及时回应，让学生能够充分倾吐心声，给学生的不良情绪找到出口；在与学生相处时，要尊重学生的隐私和个人习惯，避免越界。

参考文献
REFERENCES

百里清风，宫福清，张鹏，2021. 学生为什么不再敬畏教师？：兼论师生命运共同体的构建 ［J］. 当代教育科学（11）：60-66.

本书编写组，2020. 习近平总书记教育重要论述讲义［M］. 北京：高等教育出版社.

常加忠，2014. 高等教育大众化时代师生关系异化问题研究［J］. 中国成人教育（9）：11-13.

陈桂生，1993. 略论师生关系问题［J］. 教育科学（3）：5-9.

陈静，黄月胜，2010. 高校辅导员心理压力与工作倦怠的统计分析［J］. 高教探索（3）：128-132.

陈锡喜，2006. "三观"教育与大学生思想政治素质的提高［J］. 思想·理论·教育（9）：8-12.

董杰，2009. 思想政治教育情境的概念界定与内涵分析［J］. 学校党建与思想教育（35）：17-20.

风笑天，2020. 现代社会调查方法［M］. 6版. 湖北：华中科技大学出版社.

冯刚，2016. 高校辅导员队伍专业化、职业化建设的发展路径：《普通高等学校辅导员队伍建设规定》颁布十年的回顾与展望［J］. 思想理论教育（11）：4-9.

冯刚，2019. 新时代文化育人的理论考察［J］. 学校党建与思想教育（5）：4-7.

冯契，1990. 哲学大辞典·马克思主义哲学卷［M］. 上海：上海辞书出版社.

耿品，彭庆红，2020. 新中国成立以来高校辅导员角色的发展演变［J］. 学校党建与思想教育（3）：81-85.

国家民族事务委员会，2019. 铸牢中华民族共同体意识：全国民族团结进步表彰大会精神辅导读本［M］. 北京：民族出版社.

何登溢，2018. 高校辅导员职业发展研究［M］. 北京：高等教育出版社.

胡锦涛，2007. 高举中国特色社会主义伟大旗帜 为夺取全面建设小康社会新胜利而奋斗［N］. 人民日报，10-25（001）.

胡锦涛，2012. 坚定不移沿着中国特色社会主义道路前进 为全面建成小康社会而奋斗［N］. 人民日报，11-18（001）.

黄军伟，2008. 中美高校辅导员的角色定位比较及启示［J］. 理论月刊（11）：149-152.

江世鑫，曲建武，2022. 新教育公平观视域下辅导员角色冲突的应对［J］. 思想政治教育研究（2）：159-163.

江泽民，2002. 全面建设小康社会，开创中国特色社会主义事业新局面：在中国共产党第十六次全国代表大会上的报告［J］. 求是（22）：3-19.

焦佳，2016. 高校辅导员职业能力提升路径探究［J］. 思想理论教育（2）：96-100.

教育部思想政治工作司，2015. 加强和改进大学生思想政治教育重要文献选编（1978 -
　　2014）［M］. 北京：知识产权出版社．

靳玉军，李晓娟，2010. 高校辅导员近 30 年来的角色演变及其启示 ［J］. 高等教育研究
　　（1）：73 - 76.

李材栋，1996. 中国教育管理制度史 ［M］. 南昌：江西教育出版社．

李海峰，王炜，2018. "互联网＋" 时代的师生关系构建探析 ［J］. 中国教育学刊（7）：81 - 87.

李家军，2017. 主体间性哲学视野下和谐师生关系的构建 ［J］. 教育理论与实践（23）：3 - 5.

李俊奎，2015. 思想政治教育学导论 ［M］. 黑龙江：黑龙江人民出版社．

李连江，2017. 戏说统计：文科生的量化方法 ［M］. 北京：中国政法大学出版社．

李湘萍，2018. 关键四年：大学生校园参与、发展与满意度 ［M］. 北京：中国人民大学出
　　版社．

梁金霞，徐丽丽，2006. 完善制度 健全机制 推动辅导员队伍健康发展：全国 103 所高校辅
　　导员队伍建设状况调研报告 ［J］. 国家教育行政学院学报（6）：83 - 88＋82.

楼艳，2021. 德育共同体视域下的高校辅导员职业发展研究 ［M］. 杭州：浙江大学出版社．

陆根书，胡文静，2022. 高校师生关系：一个重要而亟待加强的研究领域 ［J］. 江苏高教
　　（3）：8 - 13.

罗涤，姚木远，2007. 高校辅导员的职业倦怠状况与对策 ［J］. 中国青年研究（6）：
　　84 - 86.

罗公利，聂广明，陈刚，2007. 从国际比较中看我国高校辅导员的角色定位 ［J］. 中国高等
　　教育（7）：61 - 63.

马川，2019. "00 后" 大学生心理健康水平的实证研究：基于近两万名 2018 级大一学生的
　　数据分析 ［J］. 思想理论教育（3）：95 - 99.

马克思，恩格斯，1982. 马克思恩格斯全集（第 40 卷）［M］. 北京：人民出版社．

马克思，恩格斯，1995. 马克思恩格斯选集（第 1 卷）［M］. 北京：人民出版社．

马克思，恩格斯，2012. 马克思恩格斯选集：第 4 卷 ［M］. 北京：人民出版社．

聂永江，2021. 我国高校辅导员制度变迁研究 ［J］. 学校党建与思想教育（4）：73 - 75.

潘国雄，2014. HRM 视角下高校辅导员职业倦怠归因及对策分析 ［J］. 高教探索（4）：
　　166 - 172.

潘希武，2014. 教师专业道德：师生关系现代性转型中的构建 ［J］. 教育学术月刊（5）：
　　80 - 85.

彭大松，2014. 家庭价值观结构、代际变迁及其影响因素 ［J］. 当代青年研究（4）：
　　75 - 82.

彭巧胤，谢相勋，2011. 再论第二课堂与第一课堂的关系 ［J］. 学校党建与思想教育（14）：
　　45 - 46.

中华人民共和国国务院，2017. 普通高等学校辅导员队伍建设规定 ［J］. 中华人民共和国国
　　务院公报（34）：28 - 32.

曲建武，2010. 共同创造属于辅导员们的美好春天 ［J］. 高校辅导员（1）：21 - 22.

曲建武，郝夏，2022. 辅导员应把握好思想政治教育的基本特征 ［J］. 思想政治教育研究

（6）：84－87.

任敏，2009. 现代社会的人际关系类型及其互动逻辑：试谈"差序格局"模型的扩展［J］. 华中科技大学学报（社会科学版）（2）：50－56.

任肖英，2023. 高校辅导员思想政治教育工作中的师生交往探究［J］. 教育理论与实践（6）：50－53.

任仲平，2023. 增强实现中华民族伟大复兴的精神力量［N］. 人民日报，06－04（001）.

邵成智，2021. 新型师生关系的"建构热"与"冷思考"［J］. 当代教育科学（10）：81－86.

邵晓枫，廖其发，2008. 论和谐师生关系的内涵［J］. 西南大学学报（社会科学版）（3）：137－141.

史仁民，吕进，史东梁，2022. 中国共产党领导下的高校辅导员制度的百年探索：基于历史制度主义的分析［J］. 高教探索（6）：47－54.

宋雁慧，2016. 从网络代沟视域看高校师生关系［J］. 中国青年社会科学（1）：12－15.

孙喜亭，2000. 也谈教学中的师生关系［J］. 教育理论与实践（10）：37－38.

王德勋，2011. 高校和谐师生关系的困境及其对策［J］. 国家教育行政学院学报（8）：69－72.

王海建，2018. "00后"大学生的群体特点与思想政治教育策略［J］. 思想理论教育（10）：90－94.

王金红，2007. 案例研究法及其相关学术规范［J］. 同济大学学报（社会科学版）（3）：87－95＋124.

王璐，高鹏，2010. 扎根理论及其在管理学研究中的应用问题探讨［J］. 外国经济与管理（12）：10－18.

王赛，2014. 树洞文化在互联网中的应用与发展［J］. 青年记者（32）：69－70.

王淑芹，2015. 论思想政治教育的正当性及其类型［J］. 思想理论教育导刊（9）：110－114.

王亚群，覃红霞，2018. 高校辅导员职业倦怠归因探究——社会结构与性别的视角［J］. 四川师范大学学报（社会科学版）（2）：117－123.

王振华，朱蓉蓉，2022. 论新时代高校辅导员队伍建设的优化［J］. 学校党建与思想教育（2）：58－60.

魏金明，2020. "三全育人"背景下高校辅导员新使命与角色定位［J］. 思想理论教育（2）：96－99.

文建龙，2003. 我国高校政治辅导员制度的缘起及演变轨迹［J］. 上海青年管理干部学院学报（2）：10－13.

吴康宁，2003. 学生仅仅是"受教育者"吗？——兼谈师生关系观的转换［J］. 教育研究（4）：43－47.

吴文浩，谢志芳，2020. 教育对外开放进程中国际学生辅导员的角色定位与角色实现［J］. 黑龙江高教研究（10）：35－39.

习近平，2017. 习近平在全国高校思想政治工作会议上强调：把思想政治工作贯穿教育教

学全过程 开创我国高等教育事业发展新局面 [J]. 实践（思想理论版）（2）：30 - 31.

习近平，2017. 决胜全面建成小康社会 夺取新时代中国特色社会主义伟大胜利 [N]. 人民日报，10 - 28（001）．

习近平，2018. 在北京大学师生座谈会上的讲话 [M]. 北京：人民出版社．

习近平，2018. 坚持中国特色社会主义教育发展道路 培养德智体美劳全面发展的社会主义建设者和接班人 [J]. 党建（10）：4 - 6.

习近平，2021. 在庆祝中国共产党成立 100 周年大会上的讲话 [N]. 人民日报，07 - 02（002）．

习近平，2022. 论党的青年工作 [M]. 北京：中央文献出版社．

习近平，2022. 高举中国特色社会主义伟大旗帜 为全面建设社会主义现代化国家而团结奋斗 [N]. 人民日报，10 - 26（001）．

项福库，杨风，2014. 近现代中国历史故事讲评中的思想政治教育研究 [M]. 成都：西南交通大学出版社．

肖彩霞，2020. "互联网＋"背景下应用型本科院校思政教育改革 [J]. 教育与职业（20）：94 - 97.

肖珺，2016. 跨文化虚拟共同体：连接、信任与认同 [M]. 北京：社会科学文献出版社．

徐兴林，孙兆忠，张艳，2018. 民办高校辅导员的自我效能感与胜任力提升 [J]. 教育与职业（6）：87 - 91.

新华社，2021. 中共中央 国务院印发《关于新时代加强和改进思想政治工作的意见》[N]. 人民日报，07 - 13（001）．

徐赟，周兴国，2018. 行为意义理论视域下的师生关系建构 [J]. 安徽师范大学学报（人文社会科学版）（2）：104 - 109.

杨军，2006. 探讨大学生友谊关系的培养 [J]. 教育与职业（36）：172 - 173.

杨秀玉，杨秀梅，2002. 教师职业倦怠解析 [J]. 外国教育研究（2）：56 - 60.

杨燕，2020. "双一流"建设背景下高校辅导员队伍的优化 [J]. 学校党建与思想教育（18）：61 - 63.

叶映华，高婷婷，2021. 高等学校师生关系的结构与影响机制 [J]. 教育研究（11）：96 - 106.

张继桥，2020. 跨文化教育视角下我国高校国际学生辅导员的角色定位与能力构建 [J]. 黑龙江高教研究（4）：63 - 68.

张进，姚富瑞，2018. 马克思主义视域中的物质媒介研究 [J]. 中国人民大学学报（3）：62 - 70.

赵士，李春晓，2020. 新时代语境下理想研究生师生关系的构建 [J]. 研究生教育研究（1）：27 - 32.

赵伟，2010. 我国高校师生关系存在的问题及影响因素 [J]. 现代教育管理（5）：83 - 85.

赵雅卫，刘钰涵，2020. 高职院校辅导员队伍建设的困境及问题的消解 [J]. 教育理论与实践（30）：27 - 29.

赵振华，郑子秋，2018. 思想政治教育应对学校突发事件的策略 [J]. 教学与管理（24）：

38 - 40.

郑少君，2004. 高校师生关系影响因素与构建对策初探 [J]. 黑龙江高教研究 (4)：67 - 69.

郑永廷，2016. 思想政治教育学原理 [M]. 北京：高等教育出版社 .

郑永廷，2022. 思想政治教育方法论 [M].3 版 . 北京：高等教育出版社 .

中共中央文献研究室，2017. 习近平关于社会主义政治建设论述摘编 [M]. 北京：中央文
  献出版社 .

中国社会科学院马克思主义研究院，2009. 马克思恩格斯列宁论意识形态 [M]. 北京：人
  民出版社 .

周怡，1994. 代沟现象的社会学研究 [J]. 社会学研究 (4)：67 - 79.

朱志梅，王雨茜，2022. 新时代高校辅导员队伍建设路径探析 [J]. 学校党建与思想教育
  (20)：79 - 81.

邹涛，2018. 高校辅导员职业之道 [M]. 北京：中国人民大学出版社 .

左辉，王涛，2022. 新时代辅导员队伍建设的发展路径研究 [J]. 学校党建与思想教育
  (20)：75 - 78.

附 录

附录一　关于高校辅导员与学生关系的调查问卷

关于高校辅导员与学生关系的调查问卷
（辅导员版）

尊敬的辅导员老师：

您好！我正在进行关于高校辅导员与学生关系的调查，现邀请您参加问卷调查，希望得到您的支持和配合！

关于以下问题，请您结合实际情况和自身感受进行思考后回答，答案无对错之分。选择题请选择最符合自身情况的一项，主观题的描述越详细准确越好。本次问卷调查采用无记名方式，所有答案仅用于本次研究。您的答案将被严格保密，请您放心填写，认真作答，再次感谢您的配合！祝您工作顺利，生活愉快！

另外，如果您在一周之内想对上述问题进行补充，您可以随时与我联系，我的联系方式是＊＊＊，谢谢！

1. 性别：

A. 男　B. 女

2. 年龄（周岁）：

A. 26 岁以下　B. 26～30 岁　C. 31～40 岁　D. 40 岁以上

3. 民族：

A. 汉族　B. 少数民族（请注明具体民族）：

4. 最高学位：

A. 博士　B. 硕士　C. 硕士以下

5. 职称：

A. 无　B. 讲师或助理研究员及以下　C. 副教授或副研究员

D. 教授或研究员

6. 从事辅导员工作的时间：

A. 2 年以下　B. 2～5 年　C. 5～10 年　D. 10 年以上

7. 兼职/专职：

A. 兼职　B. 专职

8. 您是否有转岗或不再从事辅导员工作的意向：

A. 有　B. 没有

9. 所学专业类别：

A. 文科　B. 理科　C. 工科

10. 您自己的专业与所带学生专业是否对口：

A. 是　B. 否

11. 婚姻状况：

A. 未婚　B. 已婚　C. 其他

12. 生育子女状况：

A. 无子女　B. 一名子女　C. 两名子女及以上

13. 您平时和学生直接接触的机会多吗：

非常少	比较少	一般	比较多	非常多
1	2	3	4	5

14. 您认为您与学生们的关系如何：

矛盾突出	偶有矛盾	一般	比较融洽	十分融洽
1	2	3	4	5

15. 您认为当前总体上辅导员与学生的关系如何：

矛盾突出	偶有矛盾	一般	比较融洽	十分融洽
1	2	3	4	5

16. 您认为网络对您与学生的关系构建和维系产生了怎样的影响：

A. 积极影响　　B. 消极影响　　C. 没有影响

17. 您认为，辅导员与学生之间理想的关系应该是哪种类型（可多选）：

A. 亲如一家型　　B. 知心朋友型　　C. 德高望重型　　D. 望而生畏型

E. 其他（请补充）：

18. 在您与学生接触的过程中，有什么能反映您与学生关系的典型案例吗？若有，请简单描述。

_____

19. 为了建构、维系好与学生的良好关系，您做过什么吗？如果有，请展开说说。

_____

20. 为了建构、维系好与学生的良好关系，您认为学生、学校等在其他方面可以做什么改进？

_____

21. 请问您是否愿意参与后续的深入访谈，进一步谈谈辅导员与学生之间关系的现状、存在的问题、改进方式等问题：

A. 是　　B. 否

关于高校辅导员与学生关系的调查问卷
（学生版）

亲爱的同学：

你好！我正在进行关于高校辅导员与学生关系的调查，现邀请你参加问卷调查，希望得到你的支持和配合！

关于以下问题，请你结合实际情况和自身感受进行思考后回答，答案无对错之分。选择题请选择最符合自身情况的一项，主观题的描述越详细准确越好。本次问卷调查采用无记名方式，所有答案仅用于本次研究。你的答案将被严格保密，请你放心填写，认真作答，再次感谢你的配合！祝你学习进步，生活愉快！

另外，如你在一周之内想对上述问题进行补充，你可以随时与我联系，我的联系方式是＊＊＊，谢谢！

1. 性别：

A. 男　B. 女

2. 年级：

A. 大一或预科班　B. 大二　C. 大三　D. 大四　E. 延长学制

F. 硕士研究生　G. 博士研究生

3. 年龄（周岁）：

A. 18 岁以下　B. 18～22 岁　C. 23～26 岁　D. 27～30 岁　E. 30 岁以上

4. 民族：

A. 汉族　B. 少数民族（请注明具体民族）：

5. 所在专业：

A. 文科　B. 理科　C. 工科

6. 家庭所在地：

A. 城市　B. 农村

7. 请问你是独生子女吗：

A. 是　B. 否

8. 你家庭的人均月收入：

A. 700 元以下　B. 700～1 699 元　C. 1 700～4 000 元　D. 4 000 元以上

9. 你平时和辅导员相处的机会多吗：

非常少	较少	一般	较多	非常多
1	2	3	4	5

10. 你认为辅导员对待你是否友善：

不友善	较不友善	一般	较友善	非常友善
1	2	3	4	5

11. 你认为你与辅导员的关系如何：

矛盾突出	偶有矛盾	一般	比较融洽	十分融洽
1	2	3	4	5

12. 你认为当前总体上辅导员与学生的关系如何：

矛盾突出	偶有矛盾	一般	比较融洽	十分融洽
1	2	3	4	5

13. 你认为网络对你与辅导员的关系构建和维系产生了怎样的影响：

A. 积极影响　B. 消极影响　C. 没有影响

14. 你认为，辅导员与学生之间理想的关系应该是哪种类型（可多选）：

A. 亲如一家型　B. 知心朋友型　C. 德高望重型　D. 望而生畏型

E. 其他（请补充）：

15. 在与辅导员接触的过程中，有什么令你印象深刻或对你影响较大的事情吗？若有，请简单描述。

16. 为了建构、维系好与辅导员的良好关系，你做过什么吗？如果有，请展开说说。

17. 为了建构、维系好与辅导员的良好关系，你认为辅导员、学校等其他方面可以做什么改进？

_____

18. 请问你是否愿意参与后续的深入访谈，进一步谈谈辅导员与学生之间关系的现状、存在的问题、改进方式等问题：

A. 是　B. 否

附录二　关于高校辅导员与学生关系的访谈提纲

关于高校辅导员与学生关系的访谈提纲
（辅导员版）

1. 访谈主题：高校辅导员与学生关系的现状及思考

2. 访谈地点：

3. 访谈时间：

4. 访谈对象个人编号（为保护辅导员隐私，将其姓名用不同编号代替）：

5. 访谈方式：线上/线下

6. 访谈对象是否同意录音：

7. 记录人：

8. 主要访谈内容：

（1）在您的辅导员工作实践中，您认为辅导员与学生之间应该形成一种怎样的关系？请谈一谈您的体会。

（2）整体而言，您认为当前辅导员与学生之间总体关系怎么样？

（3）在与学生的相处中，您认为您与学生的关系是否存在问题？对此，您是否想办法改进过？若有，请谈谈您是如何改进的。

（4）您认为在辅导员与学生的关系中，两者分别会对这段关系产生怎样的影响？

（5）您认为辅导员与学生的关系还会受到什么其他因素的影响吗？

（6）为了构建一种和谐的辅导员与学生关系，您认为辅导员与学生分别能做些什么？除此之外，您认为还有哪些可行的路径？

（7）目前，网络生活已经成为学生生活的重要组成部分，您认为网络时代对辅导员与学生关系的构建和维系产生了怎样的影响？网络是否可以成为改善辅导员与学生关系的有效载体?

（8）请问您是否能列举一些学生工作案例，通过案例分析一下在一定的场景下，辅导员与学生之间是一种怎样的关系?

（感谢您的支持与配合，如您在一周之内对上述访谈内容有所补充，您可以随时与我联系，我的联系方式是 ***，谢谢!）

关于高校辅导员与学生关系的访谈提纲
(学生版)

1. 访谈主题：高校辅导员与学生关系的现状及思考

2. 访谈地点：

3. 访谈时间：

4. 访谈对象个人编号（为保护学生隐私，将其姓名用不同编号代替）：

5. 访谈方式：线上/线下

6. 访谈对象是否同意录音：

7. 记录人：

8. 主要访谈内容：

（1）在你与辅导员相处的过程中，你与辅导员的关系是怎样的？你认为辅导员与学生之间应该形成一种怎样的关系？请谈一谈你的体会。

（2）整体而言，你认为当前辅导员与学生之间的关系怎么样？请结合你自己和周围同学的经历谈一下。

（3）通过与辅导员的相处，你认为你与自己辅导员的关系是否存在问题？如果有问题，你是否想办法改进过？若有，请谈谈你是如何改进的。

（4）你认为在这段关系中，你与辅导员分别会对其产生怎样的影响？

（5）你认为辅导员与学生的关系还会受到什么其他因素的影响吗？

（6）为了构建一种和谐的辅导员与学生关系，你认为辅导员与学生分别能做些什么？除此之外，你认为还有哪些可行的路径？

（7）相信网络已经在你的生活中扮演了重要角色，你认为网络对你与辅导员的关系构建和维系产生了怎样的影响？网络是否可以成为改善你们之间关系的有效媒介呢？

（8）请问你是否能列举一个或多个案例，通过案例分析你与辅导员之间是一种怎样的关系。（若学生不理解题目，可举例提示学生。例如，在你有困难时，辅导员是怎么帮助你的？在你犯错误的时候，辅导员是怎么批评教育你的？这些时候你们的关系怎么样？）

　　（谢谢您的支持与配合，如你在一周之内想对上述访谈内容进行补充，你可以随时与我联系，我的联系方式是＊＊＊，谢谢！）

后　记 //////////

POSTSCRIPT

　　7年前，机缘巧合，我非常荣幸地成了一名兼职辅导员。那时我刚20出头，和学生的年龄相差不大。我时常问自己："我应该做一个怎样的辅导员?"为了能"震得住"这300多个学生，自他们一入学我就扮演起了严师的角色;尤其在军训中，学生对我几乎是言听计从，我们在军训中取得了不错的成绩。那时候，我自认为工作开展顺利，虽然时有困难，但依旧是信心满满。学生军训结束后便进入了日常的学习和生活阶段，我也开始找学生单独谈话，了解学生的适应情况。可是通过交谈发现，一些学生非常怕我，他们在我面前不怎么敢说话。其后，很多不顺利的情况接踵而来。

　　在和其他辅导员的交流中，我发现很多辅导员在刚接手工作时都不顺利，几位和我同龄的年轻辅导员都感觉和学生有代沟，这项工作并不像想象中的那般容易。通过和一些有经验的辅导员交流，我开始放平心态，转变工作的方式方法，利用年龄优势接近、融入学生，在集体活动中和他们打成一片。我常常会想到我的一位辅导员，虽然她只带过我一年，但是我们一直保持着联系。她知性睿智、善解人意，总能在我需要时给我恰到好处的建议。我想，如果能成为这样的辅导员，我的工作开展起来是不是就能顺利很多?我是不是就能为学生的成长加油助力了呢?渐渐地，除了辅导员这一身份之外，我还成了他们的姐姐、朋友、学姐……我想我是幸运的，经过我和学生的共同努力，我们的学习成绩从"倒数第一"慢慢进步到"正数第一"，在各项评比中我们都取得了不错的成绩，学生在科研竞赛、文体活动中取得的成绩更是可圈可点。最令人高兴的是，绝大多数学生在毕业时认为，他们的大学生活是美好的。遗憾的是，在这段辅导员的工作期间，我并没有认真系统地思考辅导员与学生的关系问题，处理一些工作时，只顾着解决眼前的困难，缺乏长远的眼光和学术的视角。

　　进入博士阶段的学习后，围绕大学生的思想政治教育问题，我开展了很多研究，撰写了一些论文，最终的毕业论文也选择了相关主题，这背后支撑我的是对相关问题的研究兴趣和对辅导员工作的真挚情感。在这一阶段，我终于可以静下心来认真思考辅导员和学生良好关系构建的问题，同时开展了调查研究。在对调研所得资料进行整理后，能够将自己的所思所想、所见所闻通过文字整理出来。本书既是我围绕这一问题思索的阐述，又是我博士学习阶段研究成果的一部分，更是对自己辅导员工作的总结与反思。

从作为一种独立的职业发展至今，高校辅导员的角色从学生害怕的严师慢慢过渡为和学生双向奔赴的良师益友。尽管如此，当前学界的研究成果多集中在对师生关系研究上，但是具体到辅导员与学生的关系问题，目前学界独立的研究成果较少、关注度不足。基于此，本书试图结合学界已有的相关研究成果，进一步地对辅导员与学生的关系进行探索。本书将辅导员与学生的关系归纳为"亲如一家型""知心朋友型""德高望重型""夏日可畏型"4个类型。经过调研，不难发现高校辅导员与学生的关系总体向好发展，但是具体到辅导员个体和学生个体的关系则因人而异，还易受到所在情境的影响。在现实的思想政治教育场景中，"对与学生建立良好关系的重视不足""难以和每个学生建立并维系良好关系""年轻辅导员与学生的关系过密，部分工作难以开展""辅导员与学生之间存在代沟"等问题依旧存在；在与学生构建良好关系之前，辅导员必须具备相应的职业素养和思政工作能力，这是良好关系得以存在的基础。同时，辅导员要考虑学生的个人情况和具体的情景，借助网络、书信、社会实践活动等有力媒介，逐渐地和学生建构起良好的关系。

本书的写作灵感来源于我从事辅导员工作亲身的经历，以及学生在毕业后反馈给我的一些问题。这些经历和反馈让我更加深刻地认识到，处理好辅导员与学生的关系问题是十分必要的。在制订调研方案和写作的过程中，我多次向本专业的专家们请教，同时也结合了部分辅导员、学生的意见，非常感谢他们给出的详细建议。尤其感谢曾经与我并肩作战的同事们，在得知我的写作计划后，他们给予了我极大的支持和鼓励。他们不顾工作的繁忙，不厌其烦地和我讲述与学生相处的点点滴滴，为我的写作提供了很大的启发。愿此书能在他们的工作中发挥一些作用，帮他们答疑解惑。

若我还有幸能够从事高校思想政治教育工作，再次走上辅导员的岗位，我希望自己能够和学生构建出良好的关系。同时我也会在这一问题上进行更加深层次的研究，努力创造出更多的学术成果。真切盼望有越来越多的学者能够关注辅导员与学生的关系问题，为辅导员开展学生工作提供更多有价值的参考建议，推动辅导员和学生的相互理解，实现思想政治教育的目标。

本书在写作过程中借鉴了大量现有的研究成果，在此，我由衷地向这些专家、学者表示感谢和敬意。在参考文献中，本书所参考和引用的论著已尽可能详细列出，如有所遗漏，恳请各位专家、学者见谅！

在本书付梓之际，特别感谢中国农业出版社的编辑对书稿细致、耐心地进行修改、编排和校对。本书是我根据学界研究成果、个人实践经验和调查研究成果总结出的一点思考，仅代表个人研究的观点，欢迎更多的学者、思想政治教育工作者关注这一问题，共同助力高校辅导员与学生良好关系的构建。

夏旭彦

2023 年 6 月 8 日